VIVRE MIEUX DANS UN MONDE STRESSANT

Stéphanie Bertholon

VIVRE MIEUX DANS UN MONDE STRESSANT

Odile Jacob

Collection dirigée par Frédéric Fanget

15, RUE SOUFFLOT, 75005 PARIS

www.odilejacob.fr

ISBN 978-2-7381-2899-7

Enfin des livres qui seront les véritables partenaires de votre santé physique et psychologique.

Ils vous aideront à faire le tri parmi la multitude d'informations médicales disponibles aujourd'hui et vous orienteront vers ce qui est fondamental pour votre mieux-être.

En tant que médecin psychiatre, j'ai toujours fait le choix d'une approche à la fois scientifique et rigoureuse, mais aussi humaine et collaborative.

Afin que vous deveniez vraiment acteur de votre santé, vous trouverez dans cette collection « Vivre mieux » des informations médicales, sérieuses, rigoureuses, vous permettant de mieux comprendre et de mieux gérer votre corps et votre esprit.

Tous les auteurs de cette collection réunissent trois qualités essentielles : une compétence reconnue dans leur domaine, une pratique de soins humaine et chaleureuse, et la volonté de vous transmettre clairement et efficacement leur savoir.

Ainsi, vous pourrez utiliser chaque livre comme un outil de votre prise en charge qui complétera celle des professionnels de santé que vous consultez habituellement.

Docteur Frédéric Fanget
Directeur de la collection « Vivre mieux »
www.fredericfanget.fr

« Un être humain est une partie d'un tout que nous appelons : Univers. Une partie limitée dans le temps et l'espace. Il s'expérimente lui-même, ses pensées et ses émotions comme quelque chose qui est séparé du reste, une sorte d'illusion d'optique de la conscience. Cette illusion est une sorte de prison pour nous, nous restreignant à nos désirs personnels et à l'affection de quelques personnes près de nous. Notre tâche doit être de nous libérer nous-même de cette prison en étendant notre cercle de compassion pour embrasser toutes créatures vivantes et la nature entière dans sa beauté. »

Albert EINSTEIN.

Introduction

L'essence même de la vie est le changement.

Le nouveau-né l'illustre à merveille par sa naissance : il vit un changement de milieu, de sensations, de mode de respiration, d'alimentation… Et c'est en ressentant un certain stress qu'il s'adapte à toutes ces nouveautés.

Il existe effectivement un lien direct entre changement et stress. De façon tout à fait normale, l'être humain depuis l'*Homo sapiens* produit du stress pour survivre et s'adapter à son milieu. À mesure qu'il a évolué, il a agi sur son environnement et les effets de cette action ont induit des changements dans son comportement et dans son corps, qui eux-mêmes ont produit une modification de son environnement, etc.

Tout changement dans l'environnement induit un changement chez l'individu et *vice versa*. L'humain recherche un équilibre entre la stabilité et le mouvement. L'excès de stabilité l'ennuie, et le changement le déstabilise. Sans cesse, il cherche à résoudre cette contradiction, à tendre vers l'harmonie malgré ses paradoxes.

Au fil des millénaires, l'homme a progressé dans tous les domaines : médecine, industrie, commerce, technologie…

Mais, en ce début de XXIe siècle, nous vivons les effets de la mondialisation, qui a été en partie à l'origine de la crise financière, dans une Europe qui doit soutenir des pays en voie de pauvreté, dans un pays qui connaît un taux de chômage bien trop important. Nous évoluons dans un monde où l'argent est la valeur montante, où les hommes sont capables du meilleur comme du pire pour en posséder davantage.

Nous sommes témoins de catastrophes naturelles sans pareilles qui nous montrent que nous ne sommes que peu de chose face à la nature. Si nous sommes spectateurs de ces catastrophes c'est que les médias sont aujourd'hui présents vingt-quatre heures sur vingt-quatre et nous abreuvent d'images par tous les moyens existants : du journal papier que l'on achète ou que l'on nous distribue gratuitement, à la télévision, à la radio, en passant par les téléphones, ou dans les lieux publics… Où que nous soyons, nous n'échappons pas à l'information.

Internet a révolutionné le monde en nous permettant d'avoir accès à tout, tout de suite, sans autre effort que de pianoter sur un clavier. Grâce à notre ordinateur et à Internet, nous pouvons commander une pizza, acheter une maison, jouer au poker avec des inconnus à l'autre bout du monde, avoir des centaines de milliers d'amis sur Facebook, rencontrer l'âme sœur sur Meetic. Grâce à Internet, tout est possible, il n'y a plus de limites, il serait tentant de croire que l'homme a fini par contrôler l'espace et le temps.

Or ce serait une vision étroite que de se limiter à percevoir les aspects négatifs du progrès. L'objectif de ce livre n'est pas de le critiquer, mais de prendre conscience de certaines de ses dérives pour trouver la juste distance ou le bon équilibre avec notre milieu de vie.

En d'autres termes, l'homme cherche à contrôler le progrès, mais finit par en perdre la maîtrise. Dépassé par les changements de son milieu, il peut perdre certains repères et affaiblir ses capacités d'adaptation.

Comment le contexte social influence-t-il nos comportements, nos croyances et nos réactions émotionnelles ? Le stress, voire l'anxiété, ressentis par un grand nombre d'entre nous ne traduisent-ils pas notre difficulté à nous adapter aux changements incessants de notre milieu ?

Ce sont mes patients – dont les propos ou les comportements parfois inadaptés à ces changements montrent qu'ils souffrent du contexte environnemental – qui m'ont donné l'idée d'écrire ce livre. Je souhaiterais ici dépasser la compréhension de l'anxiété sur le plan individuel pour étudier comment le contexte social et environnemental dans lequel nous vivons modèle nos comportements et nos réactions émotionnelles.

« L'homme désire toujours selon le désir de l'Autre », écrit le philosophe René Girard. Nous imitons les désirs et les comportements de ceux qui nous entourent pour appartenir à un même groupe social. L'exclusion ou le rejet du groupe est, pour la plupart d'entre nous, insupportable. Nous nous laissons influencer et adoptons des comportements nouveaux dictés par le progrès et, sans nous en rendre compte, notre perception des choses et nos émotions s'en trouvent modifiées. Je fais ainsi l'hypothèse que ces comportements nouveaux créent du stress et le renforcent.

Nous verrons dans une première partie comment nous « apprenons » à stresser. Pour éloigner le stress, les humains ont adopté des stratégies de contrôle de leur vie. Rassurés de pouvoir tout contrôler, ils perdent une certaine forme de liberté et deviennent les esclaves de leurs comportements.

Notre monde, avec ses progrès technologiques et ses croyances induites, nous pousse à croire que nous sommes capables de tout, que nous n'avons plus aucune limite. Il nous conduit à penser que nous sommes tout-puissants et à en faire l'expérience concrète.

Pourquoi notre environnement génère-t-il de la souffrance ? Deux raisons à cela. D'abord, la recherche de toute-puissance peut favoriser le stress et potentiellement l'épuisement. Ensuite, si nous n'avons pas les moyens ou les ressources d'atteindre cette toute-puissance, nous nous percevons comme impuissants et risquons alors la dépression.

Par exemple, comment des personnes âgées n'ayant plus autant de ressources qu'auparavant peuvent-elles encore se sentir maîtresses de leur vie et avoir un rôle social si la société ne leur renvoie qu'une image d'impuissance ?

Mon analyse se portera sur les changements sociaux qui génèrent une adaptation difficile et de l'anxiété, sans négliger les aides qui permettent de conserver un certain recul.

En premier lieu, je me concentrerai sur les changements qui régissent les liens sociaux, en particulier comment Internet a révolutionné notre rapport aux autres.

Dans un deuxième temps, je m'intéresserai aux changements dans le champ de la communication et du traitement de l'information. Quel impact psychologique le téléphone portable (et les nouvelles technologies de communication et d'information) a-t-il dans notre quotidien ? La manière dont les informations sont traitées a-t-elle une influence sur notre perception du monde et de nous-mêmes ?

Impossible ensuite de faire l'impasse sur la souffrance au travail. Quels sont les changements qui peuvent conduire à un stress si grave qu'il se solde par une inadaptation professionnelle ou, pire, parfois, la mort ?

Enfin, nous examinerons notre rapport à l'avenir : comment, chaque jour, faisons-nous en sorte de nous rassurer sur notre avenir et aussi sur l'avenir du monde ?

La troisième partie du livre proposera des pistes pour apprendre à vivre mieux dans ce monde stressant. Il n'est pas question de changer le monde mais d'essayer de mieux maîtriser notre rapport aux différentes influences du milieu dans lequel nous évoluons.

Les orientations que je propose visent à améliorer votre qualité de vie tout en vous permettant de rester acteur de votre comportement et de votre vie.

PREMIÈRE PARTIE

Les changements sociaux et leur impact sur l'individu

CHAPITRE 1

Le changement est dans l'ordre des choses

Qu'est-ce que le changement social ?

La définition souvent retenue de ce concept est celle de G. Rocher : le changement social est « toute transformation observable dans le temps, qui affecte, d'une manière qui ne soit pas que provisoire ou éphémère, la structure ou le fonctionnement de l'organisation sociale d'une collectivité donnée et modifie le cours de son histoire ».

Les changements dont nous allons parler dans cet ouvrage concernent le fonctionnement de l'organisation de la vie sociale : les nouveaux moyens de communication (Internet, le téléphone portable), ou encore la nature même de la communication (l'information spectacle des médias).

Ces transformations sociales ont créé de nouvelles normes sociales qui se traduisent au plan individuel par de nouvelles valeurs : l'individualisme pourrait en être une des conséquences.

L'individualisme n'est pas un phénomène récent. À partir de la Renaissance, l'individu s'affranchit des normes sociales.

Il prend en main sa destinée au lieu de la confier à d'autres. Grâce à cet individualisme, les hommes avancent vers leur liberté. S'il n'y avait pas eu d'individualisme, il n'y aurait pas eu de Révolution française.

L'industrialisation a participé au fait que chaque homme construise sa vie. Aujourd'hui, celui-ci est au centre de l'organisation de la société. Cette nouvelle norme sociale n'est pas opposable à la solidarité et ne conduit pas forcément à l'exclusion. Preuve en est l'émergence des réseaux sociaux et des échanges virtuels. L'homme moderne trouve de nouveaux moyens pour constituer des liens sociaux. Il peut y avoir des dérives, mais on ne peut critiquer un système sans comprendre la globalité des enjeux qui le sous-tendent.

L'homme moderne est plus libre, plus autonome qu'au Moyen Âge. Cette liberté lui a permis de progresser sur les plans industriel, technologique, scientifique, politique... Mais, en s'affranchissant de la religion, de l'État, de la famille, il peut aussi se sentir plus vulnérable, moins sécurisé par le socle social. Ainsi, la norme individualiste peut aussi produire une anxiété.

Du changement social au changement individuel

Comment passe-t-on d'un changement social aux répercussions individuelles ?

Le moteur du changement individuel dépend de nos comportements.

Si nous changeons nos comportements, nous développons instantanément de nouvelles perceptions, pensées, images dans notre cerveau (le cognitif) et cela instaure parallèlement un certain climat émotionnel.

En thérapie cognitive et comportementale[1], nous aidons les patients à prendre conscience des liens existant entre leurs pensées, leurs émotions et leurs comportements dans une situation donnée.

Ils peuvent par exemple être invités à remplir des tableaux à quatre colonnes (initialisés par l'inventeur de la thérapie cognitive A. T. Beck) pour observer leur vie psychique.

Situation	Émotion	Pensées automatiques	Comportements
« J'ai oublié mon téléphone portable en partant ce matin. »	Stress, peur	« Et si on essaie de me joindre ? Et si quelque chose arrivait à l'école à mes enfants ? Et si je suis en retard et que je ne peux pas prévenir ? »	« En arrivant au travail j'emprunte le téléphone portable de Caroline pour prévenir mon mari que j'ai oublié mon portable. »

Il y a une interaction constante de ces différentes données :

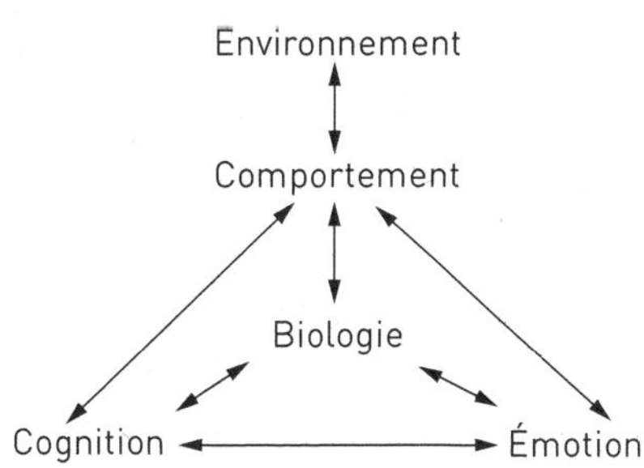

Les sollicitations de l'environnement et des circonstances exigent de nous des réponses et des comportements adaptés.

Les informations qui nous parviennent sont donc traitées par notre cerveau.

En fonction de nos émotions, de notre interprétation (processus cognitif) et de nos schémas (postulats et croyances sur soi/le monde/les autres apprises par les expériences passées), des pensées automatiques ou images (événement cognitif) vont en découler et induire par conséquent nos comportements.

Voici un schéma du traitement de l'information par notre système cognitif :

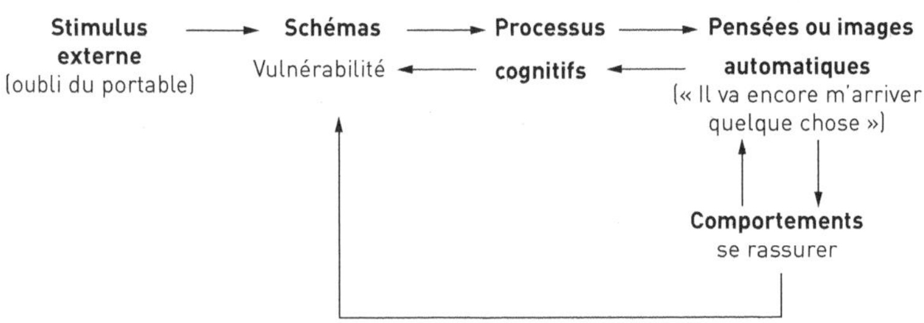

En thérapie, le patient et le thérapeute étudient les différentes phases du traitement de l'information.

Dans la conception cognitive et comportementale, il existe un modèle d'analyse qui illustre bien ce système : le modèle SORC de Kefner et Saslow (1969) repris par Skinner pour conceptualiser le renforcement opérant.

Ce que l'on appelle renforcement opérant est la façon dont nous maintenons un comportement lorsqu'il engendre des conséquences. Les conséquences augmentent la fréquence du comportement.

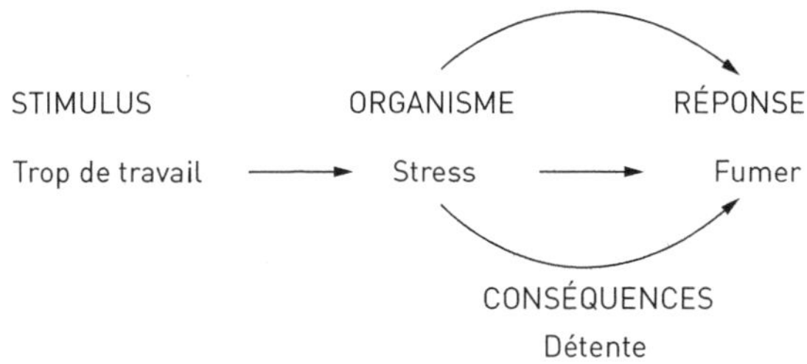

Par exemple, si fumer (ou boire, ou manger, ou jouer...) me détend en cas de stress, mon cerveau apprend que ce comportement est positif pour calmer les émotions désagréables et augmente ainsi la fréquence de ce comportement. Cela maintient le stress dans la mesure où je ne fais qu'éviter cette sensation, sans résoudre les problèmes qui le déclenche.

De même, les changements « environnementaux » liés au progrès influencent nos comportements individuels et ceux-ci vont faciliter l'émergence de nouvelles façons de penser et de ressentir.

Prenons l'exemple du téléphone portable. Depuis l'arrivée de cet objet dans notre quotidien, notre comportement a changé. Alors que nous décrochions nos téléphones fixes uniquement lorsqu'ils sonnaient, nous consultons notre téléphone portable, vérifions nos messages plusieurs fois par jour. L'apparition du smartphone, véritable outil multifonctionnel a renforcé notre dépendance.

Selon une étude menée par un consultant, Tomi Ahonen, un utilisateur moyen consulte son téléphone portable environ 150 fois par jour ! Cela ferait une moyenne de toutes les 6 minutes et 30 secondes !

Le plus incroyable est de penser que nous le consultons, pour un bon nombre d'entre nous, alors qu'il reste allumé toute la journée et que nous sommes prévenus par un signal sonore lorsque nous recevons un message, un SMS ou un e-mail. Rien ne peut normalement nous échapper, mais notre besoin de contrôle est encore plus fort ! Mais à quoi sert de consulter son téléphone sans avoir besoin de l'utiliser ? C'est inutile mais cela renforce notre habitude de le consulter (comportement appris) !

Avec cet exemple, nous constatons qu'un changement tel que l'apparition du téléphone portable dans notre environnement a produit de nouveaux comportements.

L'apprentissage et la généralisation de nos comportements induisent des pensées. Par exemple, si vous avez pris l'habitude de joindre votre conjoint ou vos enfants dès que vous les appelez sur leur téléphone portable, il est probable que le jour où ils ne répondent pas, vous commenciez à vous inquiéter ou à être frustrée… selon le motif de votre appel.

Votre émotion peut alors générer de nouvelles pensées : « Mais où est-il ? Pourquoi ne répond-il pas ? Il doit se passer quelque chose… »

Nos nouveaux comportements ont induit de nouvelles pensées.

Pour conclure, il y a un échange permanent entre les hommes et leur environnement. Selon Lynn McTaggart, journaliste scientifique américaine, nous sommes connectés et nous communiquons avec tout dans le monde en émettant un courant de lumière appelé « émission de biophotons » : il s'agit de fréquences de lumière échangées entre les hommes, mais aussi avec l'ensemble de la nature. Les dernières recherches en génétique montrent que les gènes se modifient en fonction des variables de notre environnement. En d'autres termes : « Notre environnement nous crée autant que nous le créons[2]. » Chaque changement dans mon environnement va induire un changement individuel et *vice versa*.

CHAPITRE 2

Changement et stress

Pourquoi et comment ces changements peuvent-ils nous induire de l'anxiété ?

Il faut savoir que tout changement important dans notre environnement ou dans nos comportements a une incidence physiologique que l'on appelle le stress.

Le stress, une réaction utile

Le stress est au départ une réponse positive de notre organisme à un changement. Il permet de déployer l'énergie nécessaire pour faire face à un événement.

Depuis l'ère paléolithique, l'homme produit du stress pour survivre. À cette époque, il est un prédateur mais aussi une proie qui doit avoir les moyens de se défendre.

L'organisme de l'homme paléolithique déploie déjà un système de défense efficace. Lorsqu'il est attaqué, ses glandes surrénales (deux glandes situées au-dessus des reins) fabriquent de l'adrénaline, laquelle se libère dans le sang et participe de l'augmentation de sa respiration, de son pouls et de sa tension artérielle pour fournir l'oxygène nécessaire à la réaction instinctive de défense.

Les surrénales produisent ensuite une autre hormone, le cortisol, qui lui permet de fuir ou de se battre pendant la menace. Les réserves de gras sont transformées alors en carburant, et le sucre est envoyé dans le sang pour fournir de l'énergie pour lutter. Pour éviter une hémorragie en cas de blessure, du cholestérol et des plaquettes sont acheminés dans la circulation sanguine.

Une fois la menace éloignée, l'homme paléolithique ressentait un besoin de repos durant lequel son rythme cardiovasculaire ralentissait pour retrouver la normale en quelques heures, selon le principe d'homéostasie qui régule l'organisme. L'homéostasie se définit comme la capacité de l'organisme à maintenir un état de stabilité interne malgré les changements constants de l'environnement externe.

Cette stabilité interne ne signifie pas que tout est statique dans notre corps. Les cellules vivent d'innombrables changements qui, par des effets de compensation, entraînent l'équilibre. C'est une dynamique au cours de laquelle l'organisme réagit aux forces extérieures en générant un mouvement qui va permettre un équilibre.

La médecine traditionnelle chinoise décrit l'homéostasie comme l'équilibre entre des forces opposées et complémentaires : le yang serait une composante active, émettrice et le yin, une composante passive et réceptrice.

La médecine occidentale ne prend pas en compte cette vision élargie mais j'associe souvent la théorie du yin et du yang au fonctionnement de notre système nerveux autonome.

En effet, le système nerveux autonome contrôle les activités involontaires de nos organes ; il est donc responsable de fonctions vitales fondamentales comme la respiration et par conséquent le rythme cardiaque. Nous ne fournissons pas d'effort pour respirer ou faire battre notre cœur ; c'est un fonctionnement autonome qui n'émane pas de notre volonté.

Le système nerveux autonome est composé d'un système nerveux sympathique qui active notre organisme en fonction de ses besoins et d'un système nerveux parasympathique qui le ralentit pour garder un équilibre, que l'on appelle aussi l'homéostasie.

Le stress est ainsi l'expression du système nerveux sympathique qui stimule les fonctions d'anticipation de l'action pour permettre à l'organisme de faire face à un événement potentiellement différent de ce qu'il connaît, et qui nécessite une adaptation.

L'homme moderne a conservé ce mode de défense, mais, au lieu de s'activer en cas de danger concret et de se désactiver une fois la menace éloignée, le stress est déployé de façon moins intense mais continue en raison des menaces modernes perçues. Plus les menaces sont nombreuses et durables, plus les hormones du stress sont sécrétées et épuisent les glandes surrénales, avec les conséquences physiques et psychologiques qui s'ensuivent.

Ainsi, le stress peut être un allié pour s'adapter aux événements, à condition de déployer les moyens pour réduire la menace rationnelle ou irrationnelle ressentie et de pouvoir accorder à notre corps le temps de repos nécessaire au rétablissement de l'équilibre physiologique.

Hans Selye est l'un des premiers chercheurs à s'intéresser au stress dans les années 1920. Il conçoit le stress comme une réponse de notre organisme à toute demande extérieure. C'est, pour lui, une réaction de défense de notre organisme qui se voit menacé dans son équilibre : « Un changement brutal survenant dans les habitudes d'une personne, jusque-là bien équilibrée, est susceptible de déclencher un bouleversement dans sa structure psychique et somatique. » (Hans Selye, *Stress of life.*)

Cette conception du stress a l'avantage de ne pas le condamner et permet de le concevoir comme utile à notre organisme et à la vie.

Nous vivons les changements de notre environnement social et notre corps y réagit d'abord en générant du stress pour nous aider à retrouver notre équilibre.

Si nous prenons l'exemple d'un déménagement : il nécessite une réorganisation dans la maison, des déplacements, l'école, parfois le travail... Nous sommes alors plus actifs et plus tendus. Cela est indispensable pour réaliser tout ce qu'il y a à faire et retrouver de nouveaux repères qui contribuent à un nouvel équilibre.

C'est seulement lorsque le contexte de stress perdure au-delà du nécessaire que l'organisme a puisé toutes ses forces, que le stress devient pathologique avec de sérieuses difficultés de santé, professionnelles ou personnelles induites...

Bon stress et mauvais stress

Ce schéma, élaboré par Yerkes et Dodson, rend compte du rapport entre le niveau de stress et nos performances d'adaptation :

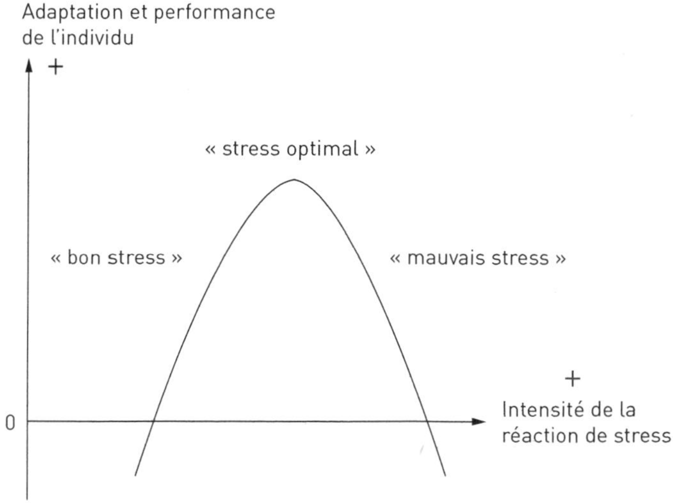

Dans un premier temps, s'il y a absence de stress, il ne peut y avoir d'adaptation (point 0 sur la courbe). C'est un problème pour faire face aux événements. Ensuite, plus l'intensité de notre réaction de stress augmente, plus nous nous adaptons efficacement jusqu'au sommet de la courbe représentant le seuil de stress optimal : le bon rapport stress/adaptation.

À partir de là, la courbe redescend, l'intensité des réactions de stress augmente, mais la performance d'adaptation baisse : l'énergie dépensée pour l'adaptation est épuisée, l'organisme est contraint de réduire ses performances pour survivre.

Certains parlent alors de bon stress (ou l'*eustress* : en grec, *eu* signifie « bon »), c'est la courbe croissante de performance, et de mauvais stress (le *distress* : en grec, *dis* signifie « mal ») représentée par la partie décroissante de la performance.

Pourquoi pouvons-nous être plus stressés par notre monde moderne ? Trois raisons peuvent l'expliquer.

➤ *La quantité de changements*

En vingt ans, des changements conséquents sont intervenus dans le domaine des nouvelles technologies. Par exemple, lorsque j'avais 10 ans, j'écoutais de la musique sur des disques vinyles ou des cassettes audio, puis, à 20 ans, ce fut sur CD. Aujourd'hui, à 38 ans, je peux encore écouter de la musique sur des CD (ça existe encore ?), mais plutôt en numérique sur un lecteur MP3 ou sur mon ordinateur portable, ma tablette numérique ou mon téléphone. En matière de technologie, les changements sont innombrables et concernent tous les objets du quotidien : les appareils ménagers, le téléphone, la télévision, les ordinateurs, les jouets…

Notre cerveau est surstimulé par tout ce qui nous entoure.

➤ *La rapidité des changements*

Ces changements interviennent dans des délais de plus en plus courts. C'est dans le domaine des nouvelles technologies qu'ils sont le plus frappants. Depuis l'arrivée du smartphone, la plupart des enseignes proposent une nouvelle version quelques mois après la sortie de la précédente.

La publicité remplissant sa fonction cherche à prouver que la dernière version est encore plus extraordinaire. Nombreux sont ceux incités à changer de téléphone, même si cela ne correspond pas à un besoin. Ils répondent simplement à un désir initié par la publicité et le progrès.

Cela peut sembler sans importance, mais si l'on considère aujourd'hui la rapidité à laquelle évoluent de nombreux éléments de notre quotidien, on peut se demander si notre cerveau n'est pas surstimulé ou trop sollicité.

Autre domaine où les changements se multiplient : la sphère professionnelle. De nombreux patients parlent de ce qu'ils vivent à l'arrivée d'un nouveau manager (qui doit faire ses preuves), la manière de travailler, l'organisation et le management sont souvent entièrement remis en question. Même s'ils comprennent qu'il y a là une recherche d'amélioration, ils aimeraient aussi que puisse être conservé ce qui fonctionnait jusque-là. Ils peuvent être blessés par la manière dont le nouveau manager va exprimer ses désirs de changements. Souvent, ils sentent une dévalorisation du fonctionnement antérieur qui avait été positivement investi par les salariés. Il apparaît donc nécessaire d'user de prudence et de délicatesse lorsqu'on demande à une équipe de s'adapter à des changements.

Le psychisme humain n'est pas un système informatique, sur une touche duquel il suffit d'appuyer pour effacer ce qui est en mémoire. Notre cerveau a besoin d'un temps de maturation pour intégrer une nouvelle habitude. On évoque souvent le délai de 21 jours pour mettre en mémoire de nouveaux comportements et de nouvelles habitudes. C'est sans compter les résistances psychologiques pouvant freiner l'adaptation au changement. *Le cerveau n'est pas toujours en mesure de s'adapter aussi vite qu'on le lui impose.*

➤ *L'inutilité de certains changements*

Attendons-nous d'un objet ou d'un système qu'il soit inefficace pour le changer ? Quel sens cela a-t-il d'acheter le smartphone 2 plutôt que conserver le smartphone 1 ? Y a-t-il une utilité, une justification à ce nouvel achat ?

Consciemment et rationnellement, le consommateur change pour les nouvelles performances de l'outil qui peuvent l'aider à faire plus, à aller plus vite encore. Certain d'améliorer sa qualité de vie, il se réjouit de prendre possession du dernier modèle sorti. Ainsi, le changement a perdu de son sens premier. Il s'apparente à une valeur consumériste qui renforce son inutilité.

Inconsciemment, nous changeons pour changer, pour posséder ce que tout le monde a ou bien tenter de posséder en premier. *Nous avons tendance à changer pour faire comme les autres.* Même si cette image de « mouton de Panurge » ne plaît à personne, il est scientifiquement démontré qu'un bon tiers d'entre nous a tendance à vouloir faire comme ses semblables pour ne pas se sentir exclu de son groupe social.

➤ *L'influence du groupe dans des décisions personnelles*

L'expérience de Solomon Asch[1] réalisée dans les années 1950 démontre que les décisions d'un groupe peuvent générer une distorsion de son jugement : nous adhérons à la pensée du groupe en considérant qu'il a raison même si au préalable nous avons pris une autre décision. Les gens ont tendance à nier ce qu'ils voient en raison de l'influence du groupe social.

Dans d'autres cas : même si nous savons que nous avons raison nous choisissons de nous conformer au groupe pour ne pas avoir à subir de désagrément.

C'est ce que démontre S. Asch. Voici comment il a procédé.

Il propose à un groupe de sept étudiants (de 17 à 25 ans) de participer à un prétendu test de vision. En réalité, il y a seulement un sujet observé contre six complices de l'examinateur. L'expérience a pour objet d'observer comment cet étudiant (le sujet) va réagir au comportement des autres. Les complices et le sujet sont assis dans une pièce et on leur demande de juger la longueur de plusieurs lignes tracées sur une série d'affiches.

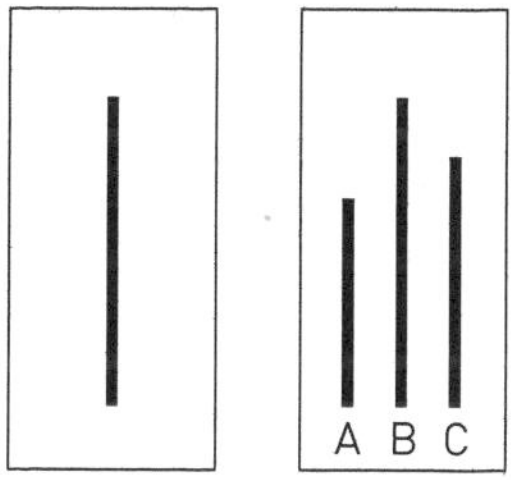

Ils doivent désigner laquelle est la plus courte, quelles lignes sont de même longueur, etc. Au début, les complices donnent à l'unanimité la même bonne réponse avant de laisser le sujet répondre en dernier.

Puis, à l'unanimité ils répondent la même fausse réponse, ce qui interpelle le sujet observé. Confronté aux réponses collégiales du groupe complice, il est interloqué, n'est plus aussi confiant dans sa décision et est amené dans 33 % des cas à se conformer aux mauvaises réponses soutenues à l'unanimité par les complices.

En effet, 33 % des sujets ayant accepté l'étude soutiennent des réponses allant contre l'évidence et leur propre vue, pour par exemple affirmer que deux lignes avaient la même longueur, alors que l'écart était très visible car de plus de 5 centimètres.

Ainsi, les comportements sociaux véhiculés par la publicité et les médias peuvent conduire à un conformisme normatif : pour ne pas dévier de l'opinion publique et par peur d'un éventuel jugement d'autrui, un tiers de la population peut se conformer aux comportements du groupe même si cela ne correspond pas à son intention première.

Nous avons vu précédemment que notre organisme devait créer du stress pour s'adapter à de nouveaux repères. Ces nouveaux repères se multipliant, ce stress ne peut pas fléchir naturellement en raison de l'enchaînement, de la rapidité ainsi que de la perte de sens de ces changements.

CHAPITRE 3

Du stress à l'anxiété

Si le stress ne diminue pas, l'anxiété se développe. Dominique Servant[1] décrit l'anxiété comme « la première conséquence psychologique du stress ». L'individu devient anxieux dès qu'il a l'impression de ne plus pouvoir maîtriser ce qu'il vit. Un stress durable peut ainsi modifier notre façon de penser les événements.

Exemple :

Situation	Émotion	Pensées
J'ai beaucoup de travail et je fais des heures supplémentaires.	Stress	Il faut que je finisse ce dossier à temps. Après ça ira mieux.
La date d'échéance arrive et je n'ai pas terminé.	Peur	Je n'y arriverai jamais ! C'est impossible !
Plusieurs mois plus tard, j'ai toujours autant de travail, j'arrive au bureau.	Anxiété	Si je n'arrive pas à terminer ce que j'ai prévu de faire, je vais être encore plus en retard !

Comme le montre l'exemple, le cumul de travail modifie nos émotions, la façon dont nous percevons l'événement et oblige notre cerveau à anticiper. L'anticipation anxieuse se met en place à partir des expériences vécues. Cette façon de percevoir les événements entraîne des comportements qui peuvent être fonctionnels (nous aider à s'adapter) ou dysfonctionnels (renforcer nos anticipations).

Lorsque nous avons peur de quelque chose (un serpent ou une araignée), qu'avons-nous tendance instinctivement à faire pour nous protéger :

– fuir pour éviter ;
– combattre pour lutter.

Dans l'exemple du cumul de travail, les deux comportements induits peuvent être :

– fuir ou procrastiner (remettre au lendemain ce qui est le plus pénible) ;
– combattre, travailler, s'organiser, vérifier son travail, contrôler le temps pour remplir l'objectif.

Quelles sont les conséquences de chacun de ces comportements ?

Le premier type de comportement a de grands désavantages : ne pas agir en cas de difficultés conduit à les reporter ! C'est ce que l'on appelle la procrastination.

Devant le cumul, le risque est que la tâche à accomplir paraisse encore plus difficile et que nous soyons encore plus enclins à l'éviter. C'est un cercle vicieux : la procrastination renforce l'inaction !

Si l'inaction persiste, une perte d'efficacité personnelle et, en conséquence, une perte de confiance en soi risquent de survenir.

A priori, le second comportement paraît plus adapté, dans la mesure où il permet de remplir l'objectif.

Cependant, ce comportement de « fonceur » peut aussi avoir des conséquences négatives à moyen ou à long terme, comme l'épuisement et la *démotivation*, si les résultats escomptés ne sont pas présents. Ce processus risque d'aboutir d'une autre manière à une perte d'efficacité personnelle. La personne perd sa croyance relative en ce qu'elle est capable de faire dans pareille situation, et perd ainsi confiance en elle.

Nous évoluons à l'ère de l'optimisation, il faut aller au bout des possibilités de chaque chose. D'ailleurs, on ne sait plus très bien ce qu'il faut faire pour bien faire. C'est une course incessante à l'innovation. Chercher à contrôler l'ensemble des événements que nous vivons est une démarche séduisante. Elle peut donner l'impression que nous maîtrisons nos vies en combattant nos peurs. Dans notre société, il est d'ailleurs plus acceptable de lutter que de fuir. « La fuite appartient aux faibles », déclarent les patients fonceurs. Cependant, nous avons vu aussi à quel point contrôler ou vérifier pour moins stresser pouvait conduire à maintenir le stress et créer de l'anxiété.

Si ces deux types de comportements peuvent avoir des conséquences si négatives, existe-t-il une autre voie possible ? Les bouddhistes parlent de la voie du milieu. Elle consiste à trouver un équilibre entre ces deux comportements instinctifs et à travailler davantage notre acceptation. C'est un sujet sur lequel nous reviendrons dans la troisième partie de ce livre, p. 147.

Renforcement de l'anxiété : le loup dans le placard

Afin de vous montrer comment nos comportements peuvent créer des peurs, attardons-nous sur une expérience connue de nombreux parents.

Vers 4 ou 5 ans, les enfants ont souvent peur qu'un loup, ou bien un monstre, se cache dans le placard ou sous le lit à l'heure du coucher, moment difficile de séparation d'avec leurs parents.

Ils appellent leurs parents et expriment leur peur : « Maman, papa, y a un loup dans mon placard ! » Que répondent les parents et que font-ils face à cette peur du loup ?

Lorsque je pose la question à mes patients, plusieurs réponses émergent :

– J'ouvre le placard pour montrer à mon enfant qu'il n'y a pas de loup.
– Je fais semblant de tuer le loup.
– Je ferme le placard à clé pour rassurer mon enfant que le loup ne peut pas sortir.

Toutes ces réponses familières tentent de faire disparaître la peur de l'enfant. En fait, le parent a peur de la peur de son enfant et cherche à tout faire pour l'annuler, quitte à tuer un loup qui n'existe pas !

Ces réponses entretiennent sans le vouloir la peur de l'enfant. Si papa vérifie dans le placard qu'il n'y a pas de loup, c'est bien la preuve qu'il peut y en avoir un !

Cette anecdote illustre comment nos vérifications et nos réassurances peuvent nous conduire au doute.

Admettons que je vous demande de fermer la porte de votre maison.

Puis de l'ouvrir et la fermer de nouveau. Enfin, de renouveler l'expérience plusieurs fois de suite et de partir. Pouvez-vous être certain qu'elle soit fermée ou ouverte ?

Pensez-vous renforcer votre certitude qu'elle est fermée en effectuant plusieurs fois cette action ? La réponse est non. Plus nous augmentons nos comportements de vérification, plus nous augmentons le doute, l'incertitude, et donc diminuons notre confiance personnelle.

Les personnes souffrant de troubles obsessionnels compulsifs (TOC[2]) en font la malheureuse expérience. Chaque fois qu'un patient que je soignais vérifiait qu'il avait bien fermé le robinet du gaz, il renforçait le doute en lui, ce qui le conduisait à vérifier davantage même s'il trouvait « délirant » de vérifier trente fois par jour le robinet et les boutons de la gazinière. La peur qui conduit au comportement de vérification peut être plus forte que la raison. Alors comment répondre à la peur du loup de son enfant ?

Je vous laisse y réfléchir et vous reporter au chapitre 9 « Se rassurer, mais pas trop » dans la troisième partie du livre, p. 152.

Si face à nos peurs nous luttons en vérifiant, nous maintenons et augmentons notre peur. Si ce comportement se limitait à ce cercle vicieux, il serait encore assez facile de s'en défaire. Mais à force d'avoir peur et de vérifier, des pensées anticipatrices se forment : « Si je ne vérifie pas, alors je vais être mal ou il va arriver le pire… »

En entretenant ce cercle vicieux comportemental et émotionnel, nous construisons des pensées qui renforcent le système. L'anxiété, insidieusement, apparaît.

Nous verrons dans la partie suivante comment les changements sociaux ont induit de nouveaux comportements et notamment comment la volonté de contrôle sur nos vies peut renforcer ou créer des peurs individuelles et collectives.

DEUXIÈME PARTIE

Les nouveaux comportements : l'ère de la toute-puissance

CHAPITRE 4

Les rencontres et les amitiés virtuelles

De nombreux sites de réseaux sociaux ont vu le jour ces dix dernières années. Le plus célèbre, Facebook, a été conçu en 2003 par un étudiant qui cherchait à faciliter les échanges avec ses amis. Malgré la polémique judiciaire sur la création du site, la réussite est aujourd'hui incontestable : plus de 600 millions d'adeptes dans le monde !

Pour ceux qui sont membres de cette grande communauté, connaissez-vous les motivations qui vous ont poussés à vous inscrire sur Facebook ? Personnellement, je dois l'admettre : faire comme les autres ! Mais finalement que nous apportent précisément les réseaux sociaux ?

Fini la solitude !

Claire, 32 ans, est célibataire depuis peu de temps lorsqu'elle entreprend une thérapie. Elle n'a jamais vécu seule et, depuis deux mois, elle ressent des sensations d'angoisse en rentrant du travail à l'idée de se retrouver seule chez elle. Elle s'arrange pour sortir le plus possible, mais ses amies n'étant pas toutes célibataires, elle est contrainte très souvent de se retrouver face à elle-même le soir. Pour éviter son angoisse, elle s'installe devant son ordinateur et sa page Facebook pour échanger avec ses nombreux amis. Elle se sent très bien jusqu'à ce que ses messages ne soient plus commentés ni « likés » (lorsque quelqu'un vous envoie un « j'aime » sur votre publication). La même sensation d'angoisse la reprend. Elle va alors se coucher pour ne pas penser à sa solitude.

Les réseaux sociaux ont l'avantage de rendre manifeste notre lien aux autres. Il est écrit sur la page en haut à gauche le nombre exact de nos amis.

Cela vient répondre à un besoin fondamental : le besoin d'appartenance.

Abraham Maslow a théorisé une hiérarchie des besoins humains dans les années 1940 encore pertinente de nos jours.

Il définit l'homme comme un TOUT présentant des aspects physiologiques (biologiques et somatiques), psychologiques et sociologiques (sécurité, appartenance et reconnaissance), ainsi que spirituels (dépassement de soi).

Puis il propose une hiérarchie des besoins qui a été représentée sous la forme d'une pyramide :

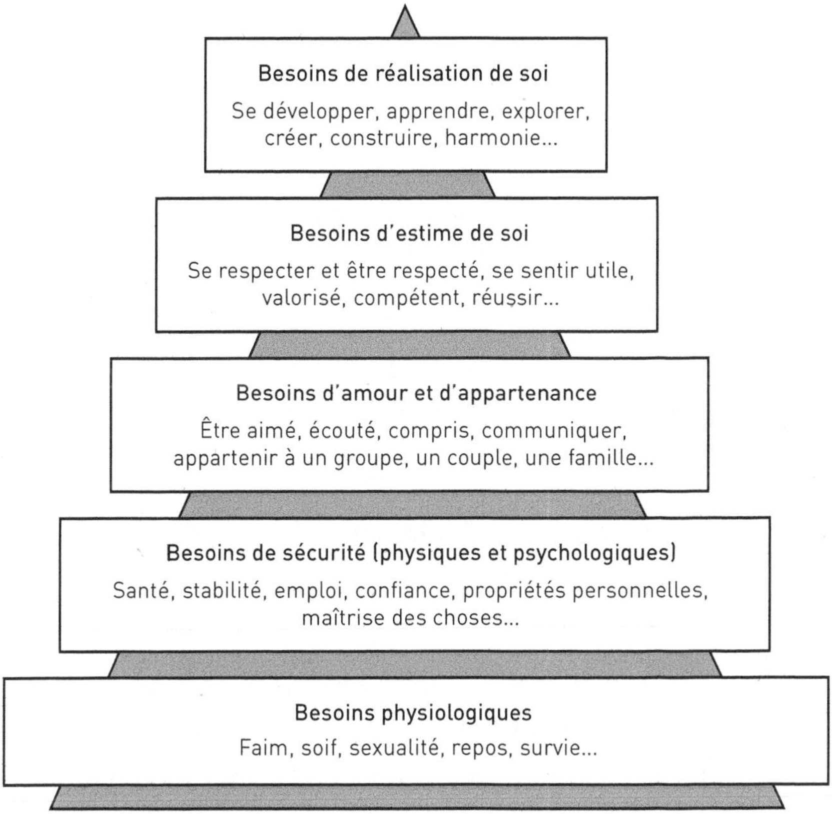

Selon lui, nous devons satisfaire nos besoins physiologiques avant de pouvoir satisfaire nos besoins de sécurité, puis d'amour et d'appartenance pour accéder ensuite aux besoins d'estime de soi et de réalisation de soi. Il est intéressant de noter qu'il associe les besoins d'appartenance aux besoins affectifs. Ces besoins sont liés à l'attachement que nous avons créé avec les personnes qui nous ont élevés et surtout aimés au cours de notre enfance.

➤ *Pourquoi est-ce si vital d'être au contact des autres ?*

Étant nés dans le corps de notre mère… et pas dans un œuf, l'attachement que nous construisons (ou non) avec celle-ci ou la personne qui s'occupe de nous est notre base relationnelle. Nouveau-nés, nous devons compter sur quelqu'un pour assurer notre survie. Il est prouvé aujourd'hui que le nouveau-né n'a pas seulement besoin d'une alimentation pour survivre mais aussi d'une nourriture affective.

Autrement dit, le bébé survit aussi grâce au lien, à la relation d'attachement qu'il noue avec la personne qui prend soin de lui.

En devenant adultes, nous transformons ce besoin primaire d'attachement. Si, enfants, nous avons été sécurisés grâce à cet attachement primaire, adultes, nous sommes capables de vivre de façon plus autonome.

Mais si notre besoin a été mal satisfait, nous pouvons rechercher inlassablement la satisfaction de ce besoin infantile ou au contraire éviter, fuir ce qui nous a tant manqué. Nous appelons cela des *schémas précoces inadaptés*. Lorsqu'un adulte répète bien malgré lui (inconsciemment ou même consciemment) des expériences qui le font souffrir, cela révèle un schéma précoce inadapté.

Jeffrey Young, un psychiatre américain, distingue cinq domaines de besoins fondamentaux :

– le besoin de sécurité lié à l'attachement aux autres ;
– le besoin d'autonomie, de compétence et d'identité ;
– le besoin de limites et d'autocontrôle ;

– le besoin d'exprimer ses besoins et ses émotions librement ;
– le besoin de spontanéité et de jeu.

Selon lui, si ces besoins n'ont pas été comblés au cours de l'enfance, certains d'entre nous risquent de chercher en tant qu'adultes à les satisfaire de façon inadaptée, et cela conduit à ce qu'il nomme des *schémas précoces inadaptés*.

J. Young en a identifié dix-huit.

Le schéma précoce est constitué d'un ensemble de souvenirs, d'images, de pensées et d'émotions concernant le besoin infantile qui n'a pu être comblé. L'enfant, et plus tard l'adulte, va tenter de s'adapter à ce manque, il va développer un *style d'adaptation* pour répondre au problème.

Il existe trois styles d'adaptation :
– *se soumettre au schéma* : répéter son manque ou sa souffrance en restant passif ;
– *éviter son schéma* : se protéger en veillant à ne jamais être confronté à ce qui manque ou fait souffrir ;
– *compenser ou contre-attaquer son schéma* : lutter contre sa souffrance en développant des comportements à l'inverse de son besoin.

C'est la manière dont l'individu s'adapte de façon plus ou moins fonctionnelle au problème qui va entraîner une souffrance et une réponse inadaptée à ses besoins.

Ainsi, lorsque l'on échange avec ses amis en réel et/ou en virtuel, notre besoin de sécurité et d'attachement est comblé et nous pouvons le satisfaire de façon adaptée ou inadaptée.

L'expérience de Claire, ci-dessus, est riche d'enseignements. Pour éviter les émotions et les sentiments relatifs à la solitude, elle comble en recherchant un contact permanent.

En thérapie, nous avons repéré un schéma d'abandon lié à l'instabilité psychologique de ses parents : sa mère souffrait d'un trouble bipolaire nécessitant des hospitalisations et son père plutôt dépendant sur le plan affectif et souffrant beaucoup de sa relation conjugale a quitté plusieurs fois le domicile et a commis des tentatives de suicide en présence de sa fille.

Claire s'est adaptée en fuyant son schéma. Elle est partie très tôt de chez ses parents en s'installant avec un garçon. Elle a toujours été entourée de beaucoup d'amis. Elle est très fidèle en amitié et sait entretenir ses relations amicales. Elle n'a jamais été célibataire jusqu'au jour où elle vient consulter.

En vivant seule, elle fait face en créant un blog, en « tchattant » sur des forums, en étant connectée quinze heures sur vingt-quatre à Facebook.

Le moyen qu'elle utilise lui permet-il réellement de se sentir moins seule ? À court terme, c'est très efficace : elle ressent beaucoup de plaisir et de bien-être à échanger avec ses amis. Mais, à long terme, cela n'empêche pas Claire de se sentir très mal quand les autres ne répondent plus à ses sollicitations virtuelles. Elle n'a que différé son angoisse.

Ainsi, si nous utilisons les réseaux sociaux pour éviter de ressentir des émotions désagréables comme la solitude, le rejet ou l'abandon (ressentis par le passé ou dans nos expériences sociales précédentes), nous croyons traiter notre souffrance mais nous l'entretenons insidieusement.

J'ai relevé le commentaire d'un internaute sur le site de *L'Express* concernant un article sur Facebook : « J'aurais préféré avoir un bon accueil par tout le monde. C'est un peu ennuyeux de s'incruster dans un groupe ou une famille et de ne pas être accepté par tout le monde. »

Conclusion : on peut avoir l'impression de se sentir moins seul lorsqu'on est membre d'un réseau social, mais cela ne guérit pas de certaines souffrances en lien avec l'abandon et la solitude.

524 amis et seul devant mon Mac

Paul est un homme de 30 ans qui entreprend une thérapie cognitive et comportementale pour l'aider à avoir moins peur du jugement d'autrui. Son objectif est d'oser s'exprimer face aux autres. Il souffre d'une phobie sociale dans la mesure où ses peurs entraînent un évitement. Il a un emploi administratif qui ne nécessite aucun contact. Il n'a pas d'amis, mais il s'est inscrit dans une association de personnes présentant ces difficultés, qui propose des échanges sur un forum et des sorties. Il passe ses soirées à échanger sur ce forum et utilise Facebook pour rencontrer des femmes et discuter de longues heures. Il pense être devenu dépendant de ce média.

Le principal paradoxe de Facebook est qu'il faut être seul devant son ordinateur pour entrer en contact avec ses amis ! Cela n'annule pas forcément l'envie de sortir avec ses amis, mais cette amitié virtuelle n'a-t-elle pas modifié nos comportements sociaux ? C'est la question que l'on peut se poser si l'on examine de près le fonctionnement de ce réseau social.

Auparavant le téléphone jouait un grand rôle relationnel, c'était par la voix que l'on prenait des nouvelles, organisait une sortie, s'invitait… Aujourd'hui, un simple *clic* ou *poke* ou *smiley* met en relation avec l'autre.

L'avantage est d'être en contact avec plusieurs personnes en même temps. Lorsqu'une information est donnée, celles qui prennent la peine d'aller sur le « mur » ou de lire les « actualités » peuvent la recevoir en temps réel. Mais quel en est l'intérêt ? Aucun, si ce n'est de renforcer notre désir de savoir ce que nos amis expriment ou font. Cet intérêt pour l'autre, qui peut prendre une tournure parfois voyeuriste, renforce le lien au site et crée une dépendance potentielle.

Facebook laisse croire qu'il nous relie les uns aux autres. Par exemple, le site rappelle de fêter les anniversaires à ses amis. Quel plaisir de recevoir des « joyeux anniversaire » sur sa page de la part de si nombreuses personnes ! Le plus troublant est d'en recevoir de personnes qu'on ne connaît pas intimement. Et que penser des amis qui ne le fêtent pas alors qu'ils ont eu un message de rappel ?

Il n'est pas rare de faire le constat qu'un « ami réel » (à distinguer d'un « ami virtuel ») peut passer beaucoup de temps à échanger sur Facebook avec des amis virtuels sans jamais prendre le temps de téléphoner à ses amis réels.

Facebook est censé maintenir le lien entre les « amis », il peut même permettre de retrouver des connaissances perdues mais on peut s'interroger sur la nature de ces liens. Rassurés par nos échanges virtuels, l'importance des échanges réels dans le maintien des relations sociales ne devient-elle pas de plus en plus relative ?

Sachant que nous avons reçu il y a deux jours un commentaire de notre ami, nous le sentons présent et n'éprouvons plus le même besoin de le rencontrer.

De plus, ces échanges sont souvent impersonnels. Les dialogues intimes se raréfient, ils n'ont pas la même consistance sur

Facebook. Or ce qui fonde une relation amicale, c'est la proximité psychologique, qui nous fait sentir libre de parler intimement. Le fait d'envoyer des messages, même privés, ne remplace pas ce rapport d'intimité si nécessaire à l'être humain. Ce type d'écrit n'a plus rien de commun avec les correspondances intimes qui pouvaient tisser un lien fort entre deux personnes.

Bien sûr, il est possible de partager largement des informations (naissance d'un enfant, annonce d'un mariage ou d'un décès) qui autrefois l'auraient été avec un groupe plus restreint ; bien sûr les amis Facebook peuvent probablement compenser une absence d'amis réels, mais cette diffusion semi-publique des émotions ne traduit-elle pas l'absence de vrais liens sociaux ?

Pour revenir à l'histoire de Paul, il est plutôt positif qu'il réussisse à échanger virtuellement avec des personnes de son âge. C'est un moyen plutôt thérapeutique de vaincre ses peurs. Cependant, son comportement vis-à-vis du site est devenu addictif. Il ne peut passer une soirée sans regarder son compte Facebook. Mais, au-delà de cet aspect, cela n'incite pas Paul à rencontrer réellement les connaissances nouées sur le site. Ses peurs que les filles soient déçues, le jugent, n'ont pas été apaisées et se sont même accentuées.

La thérapie a consisté à l'aider à faire face au réel. Une thérapie de groupe lui a permis de dépasser sa peur des autres et l'a incité peu à peu à parler à ses collègues de travail.

Ainsi, s'inscrire sur Facebook pour créer ou renforcer des liens sociaux peut, sans que nous nous en apercevions, mettre une distance avec nos réels amis en nous rassurant virtuellement d'être entourés. L'hypersocialisation virtuelle peut nuire aux rapports sociaux réels, voire dans certains cas conduire à l'isolement social.

Est-ce que tu m'aimes ?

Grâce à ces réseaux sociaux, nous avons enfin la preuve que l'on pense à nous et que l'on nous aime ! Le nombre de « j'aime » cliqués sur les photos envoyées, ainsi que les commentaires rédigés par les amis l'attestent.

Une adolescente me disait que Facebook lui permettait de vérifier ce que ses amis pensaient d'elle. C'est un moyen de s'évaluer par rapport aux autres et d'évaluer les autres. En ce sens, cela crée une anxiété sociale[1] chez certains adolescents ayant des bases fragiles d'estime de soi.

François est âgé de 23 ans et est encore étudiant. Il manque d'estime et de confiance en lui. L'entrée au collège à l'époque a été particulièrement éprouvante pour lui. Plus grand que la moyenne de ses camarades et ne sachant pas très bien se défendre, il subit de nombreuses moqueries. Il a développé au fil du temps une anxiété sociale qui l'empêche de se sentir à l'aise avec les jeunes de son âge, et en particulier avec les filles. Il a de gros complexes physiques quant à sa taille. Pourtant, de nombreux garçons pourraient être jaloux de cette caractéristique, d'autant qu'il est plutôt joli garçon. En consultation, il me dit utiliser Facebook comme un baromètre de popularité. Lorsqu'il poste une vidéo ou un message, il attend beaucoup des réactions de ses amis virtuels. Il se sent « puissant » lorsque plusieurs amis répondent et « déprimé » lorsqu'il n'a pas de retour, et parfois même « coupable ».

Le monde de Facebook, pour ne citer que ce réseau, est une utopie, un monde idéal ! Tous unis par les liens virtuels, nous n'échangeons que du positif ! Ce sont essentiellement nos bonheurs que nous partageons.

Nos amis nous renforcent positivement, et nous pouvons ainsi consolider notre image sociale (l'image que j'ai auprès des autres), ce qui rassure notre image personnelle.

Ainsi, c'est un moyen pour des personnes manquant de confiance en elles de s'afficher et de renforcer leur image.

Une adolescente me disait que le réseau lui permettait de donner l'image qu'elle souhaitait que les autres aient d'elle. Une image idéale qui répond aux attentes du groupe social et qui souligne le rôle important de l'image de soi dans la confiance en soi.

Il convient de distinguer l'image de soi de la confiance en soi et de l'estime de soi.

Gisèle George[2] explique que l'enfant développe au préalable sa confiance en soi grâce aux liens affectifs créés avec ses parents et à la confiance mutuelle établie à travers ses expériences vécues avec d'autres.

L'attachement qu'il suscite lui permet ensuite d'instaurer un sentiment de sécurité indispensable à sa confiance. L'enfant confiant peut alors expérimenter seul, détaché de ses parents, de nouvelles situations en relation avec les autres (famille large, nourrice, autres enfants, institutrice…).

L'évaluation juste de ses capacités personnelles et sociales lors de cette exploration du monde sera le socle de son estime de soi. Celle-ci est constituée d'une estime de soi personnelle et d'une estime de soi sociale.

L'estime de soi sociale (comment les autres m'estiment) se forme à travers le regard des autres au début de notre vie (regard des parents, des instituteurs, des camarades) et jusqu'à l'adolescence (regard des copains surtout) pour enfin élaborer une estime de soi personnelle (comment je m'estime moi-même).

L'image de soi va se définir comme la représentation que l'on a de soi. Comme pour l'estime de soi, nous distinguons l'image de soi sociale de l'image de soi personnelle.

L'image de soi est le fruit de la confiance en soi et de l'estime de soi.

Être membre de Facebook ou de tout autre réseau social permet à chacun de renvoyer une image de lui-même. C'est une vitrine du moi ! De fait, si nous avons des doutes sur notre image, notre estime personnelle, nous pouvons utiliser le « mur » pour nous afficher et contrôler notre image.

François dit avoir besoin de savoir ce que les autres pensent de ce qu'il a envoyé sur sa page. Il attend impatiemment un retour. Il utilise Facebook pour mesurer son estime de lui. Cela fonctionne tant que les autres répondent, mais cela engendre des pensées anxieuses (« et s'ils avaient trouvé ça nul ! »), des comparaisons (« Lisa répond plus aux messages de Loïc qu'aux miens ») et un comportement addictif. Il est connecté sur Facebook *via* son téléphone portable et participe aux discussions toute la journée, même pendant les cours magistraux à la faculté. La thérapie a consisté à comprendre les origines et le fonctionnement de son trouble d'estime pour l'amener à constater que son comportement addictif ne faisait que renforcer son problème. Enfin, nous avons procédé à un sevrage des échanges Facebook. Il a réussi à limiter sa consommation de connexions et d'échanges virtuels pour s'orienter vers des liens moins nombreux mais plus réels ou authentiques.

Insidieusement, lorsque nous échangeons sur un réseau social nous nous centrons beaucoup sur autrui en recherchant, d'une certaine façon, une forme d'approbation de ce que nous sommes. Je crois que cela peut entraîner une dépendance au regard des autres. Si nous avons de surcroît un déficit en estime de soi (ce qui n'est pas en soi pathologique et touche un grand nombre de personnes), nous risquons de constater que Facebook est un moyen de rassurer notre estime sans prendre conscience que cela renforce aussi nos peurs. Ainsi, Facebook peut développer et maintenir la dépendance au regard d'autrui en renforçant la peur de ne plus être aimé.

Adhérer à un réseau social rend-il plus ou moins heureux ?

C'est la question que se sont posée Hui-Tzu Grace Chou et Nicholas Edge du département de sociologie de l'Université Utah Valley. Ils ont interrogé 425 étudiants sur leur niveau de bonheur et celui de leurs amis. Environ 95 % utilisaient Facebook, en moyenne, cinq heures par semaine et depuis deux ans et demi.

Les réseaux sociaux favorisent une évaluation négative du bonheur personnel ressenti selon cette étude, publiée dans la revue *Cyberpsychology, Behavior and Social Networking*.

Plus les étudiants passaient de temps sur Facebook, plus ils croyaient que les autres étaient plus heureux qu'eux. Cette croyance augmentait chez les étudiants qui utilisaient le réseau depuis plus longtemps et chez ceux qui avaient beaucoup d'amis qu'ils côtoyaient peu en dehors de Facebook. On observe ainsi une tendance à sous-estimer la présence d'émotions négatives chez les amis Facebook et à surestimer celle d'émotions positives.

Hui-Tzu Grace Chou considère que les photos postées mettent toujours en valeur la personne et donnent ainsi l'impression qu'elle a une vie parfaitement heureuse.

Alors qu'en ce qui concerne les amis à l'extérieur des réseaux sociaux il est plus facile de percevoir qu'ils ont des hauts et des bas. Cette étude a également prouvé que les personnes qui passaient plus de temps à avoir une vie sociale réelle s'estimaient moins malheureuses.

Ainsi, adhérer à un réseau social favorise la comparaison. L'image des autres est souvent valorisée et peut entraîner un jugement négatif envers soi ou les autres. Ces réactions, bien qu'« humaines » participent à l'émergence d'émotions désagréables et ne favorisent pas les états de bonheur.

Y a-t-il une vie après Facebook ?

Depuis la création des réseaux sociaux, je constate que nombreux sont ceux qui sont amenés à dévoiler peu à peu leur intimité. À moins de ne pas s'inscrire, ceux qui deviennent membres sont peu à peu influencés par les comportements de leurs amis et, par imitation, ils livrent des parties de leur identité. Les adolescents sont principalement concernés par cette exposition de l'intimité.

Aucun problème si nous sommes libres et consentants de le faire, me direz-vous !

Oui et non. Concernant les adolescents, ils peuvent être libres et consentants de fumer du cannabis sans mesurer les conséquences de leur consommation à court, à moyen et long terme.

➤ *Les conséquences d'un danger potentiel*

Peu de jeunes se posent vraiment la question de ce qu'ils transmettent à leurs amis et/ou aux amis de leurs amis, voire au monde entier !

Le réseau social est interdit aux moins de 13 ans, mais vingt mille comptes d'enfants sont supprimés chaque jour.

Un éditeur de services nommé Facemoods a été créé spécialement pour les ados afin de prévenir des dérives possibles et de les aider à utiliser le réseau.

Il s'agit de faire en sorte qu'ils n'acceptent pas l'invitation d'une personne inconnue et qu'ils paramètrent leur compte de façon à ne donner des informations qu'à leur groupe d'amis. Une vidéo est diffusée sur Facemoods, qui réinterprète le conte du *Petit Chaperon rouge* pour marquer les jeunes consciences. La morale de l'histoire est celle-ci : « Quand vous acceptez quelqu'un comme un ami Facebook, vous l'invitez dans votre vie. N'acceptez que les personnes que vous connaissez. »

Nous le savons mais, il faut le rappeler, les profils peuvent être visités par des personnes dont les intentions ne sont pas seulement d'ordre amical. Les personnes présentant des perversions sexuelles ne sont pas les dernières à s'intéresser aux réseaux sociaux.

Certains profils sont piratés. Les pirates usurpent l'identité d'un membre pour envoyer des messages malintentionnés aux amis de la victime. Exclue des autres, la personne victime éprouve un réel traumatisme au vol de son identité virtuelle. Sans compter les rumeurs qui circulent encore plus vite par les réseaux sociaux et provoquent des dégâts psychologiques.

➤ *Les conséquences concrètes*

Facebook est une incroyable banque de données, qui regroupe nos habitudes, nos loisirs, nos goûts. Ces informations sont achetées par des multinationales qui conservent notre profil et sont amenées ainsi à nous envoyer de la publicité.

Sans compter le piratage de données qui conduit à la surabondance de messages publicitaires.

Quelles sont les conséquences possibles à long terme de ce dévoilement de l'intime ?

S'il n'y a plus de vie privée, les frontières entre soi et les autres peuvent s'effondrer. Certaines personnes se sentiront autorisées à entrer dans notre sphère privée. L'actualité a mis en lumière ce problème de confidentialité : trois salariés d'une société d'ingénierie ont été licenciés en 2008 pour avoir critiqué leur hiérarchie sur le réseau social. Le conseil de prud'hommes s'est rallié à l'employeur en 2010. Ces personnes avaient été dénoncées par un membre de leur groupe d'amis Facebook.

Autre exemple, un utilisateur a pu être condamné à trois mois de prison ferme et 1 200 euros d'amende pour avoir insulté sur son mur les gendarmes qui l'avaient arrêté. Son profil était public, il n'avait pas fait les paramétrages de confidentialité.

Quelques règles d'utilisation devraient être clairement affichées par le réseau avant toute inscription. En voici quelques-unes :

– régler les paramètres de confidentialité ;

– ne pas accepter les cookies et autres invitations publicitaires ;

– choisir un mot de passe composé de lettres et de chiffres le rendant le plus indétectable possible ;

– éviter d'afficher des informations trop personnelles, comme votre date de naissance complète, le prénom et l'âge de vos enfants ;
– ne surtout pas dire que vous vous absentez de chez vous pour quelques jours ;
– éviter d'afficher des photos compromettantes de vous ou de vos proches. Celui qui affiche une photo de vous sur sa page la rend visible à l'ensemble de ses amis et vous identifie sans que le réseau vous demande un accord quelconque ;
– ne pas laisser les enfants utiliser Facebook sans surveillance ;
– éviter d'utiliser Facebook dans un lieu public en Wi-Fi afin de contrer les piratages de données personnelles.

Pour plus d'informations à ce sujet, vous pouvez vous diriger sur le site www.facebook-danger.com qui recense des études, articles et témoignages concernant les dérives possibles à l'utilisation du réseau.

➤ *Les conséquences psychologiques*

« Si tout se sait de moi, que je n'ai plus d'intimité, comment délimiter vie privée, vie publique ? Si ma vie n'est que publique, ne puis-je pas craindre de ne plus savoir qui je suis vraiment ? »

« Si je partage tout avec tout le monde et que j'ai l'habitude de recevoir des commentaires, cela ne va-t-il pas me rendre dépendant et entretenir le sentiment d'exister seulement à travers autrui ? »

Lors des consultations, j'ai constaté que les personnes fragiles sur le plan de leur estime personnelle utilisaient Facebook comme un miroir idéalisé d'elles-mêmes : elles affichent la personne à laquelle elles aimeraient ressembler. Elles se comparent aux autres pour s'évaluer, contrôlent leur image pour se rassurer. À l'adolescence où l'identité se construit, avec peine parfois, comment faire la part entre ce que l'adolescent assume d'être, ce que les autres voient de lui, ce qu'il voudrait être aux yeux des autres ? Une trop forte dépendance aux réseaux sociaux ne nuit-elle pas à la construction déjà complexe de l'identité d'un adolescent ?

J'ai été frappée de constater combien il serait difficile pour de nombreux patients de moins se connecter au réseau et même impossible de supprimer leur compte. Une adolescente me disait qu'il y « avait toute sa vie sur son compte et qu'elle serait amputée d'une part d'elle-même ».

À l'instar de Facebook, Twitter est source d'encore plus d'idéalisation de soi.

Les amis sur Twitter avec lesquels nous pouvons échanger sont aussi des personnalités connues du grand public. Nous pourrions évoquer la dimension égalitaire et humaniste que cela représente, mais n'y a-t-il pas là encore un risque de dépendre du regard des autres ?

L'envie de réagir sans arrêt à l'actualité met l'inconnu au rang de personnage connu. Être vu et remarqué par son tweet n'est-il pas une motivation permanente ? Pourquoi chercher à prendre une place sur la scène publique si ce n'est pour combler un besoin de reconnaissance et d'approbation de la part d'autrui ? On ne cherche pas la lumière par hasard. De nombreux comédiens confirment que la célébrité comble leur manque d'estime personnelle.

Si poster un tweet ou avoir des amis virtuels permettait à long terme de consoler les manques affectifs vécus par le passé, les psys seraient les premiers à le conseiller, mais je constate auprès de certains de mes patients que, au contraire, cela peut creuser la faille narcissique au lieu de la combler.

À court terme, on apprécie cette valorisation personnelle et, à long terme, on ressent le besoin de mesurer l'estime qu'on nous porte ; nous devenons ainsi dépendants de ce moyen de communiquer. Le pouvoir de la toute relative « célébrité » reste superficiel et la douleur enracinée dans la mémoire ne cicatrise pas.

Je ne condamne pas les réseaux sociaux, je déplore l'utilisation qui en est faite, car elle peut entraîner des conséquences psychologiques importantes.

Au cours des thérapies centrées sur les troubles de l'estime de soi, il est fréquent de constater une addiction qui renforce le manque d'estime de soi et de confiance en soi. Ces dernières années, il devient habituel de travailler sur des troubles du comportement en lien avec les réseaux sociaux : dépendance et actes de vérification.

➤ *Dépendant du regard des autres*

On pourrait définir l'addiction aux réseaux sociaux à partir de la définition du trouble de dépendance à internet (TDI). Cependant, toute personne dépendante des réseaux sociaux n'est pas forcément dépendante de l'Internet en général. Le moteur de la dépendance au réseau social est le regard des autres. Ce qui n'est pas forcément le cas des dépendants à Internet. Cette dépendance, comme toutes les autres, peut être vue comme un symptôme ou une conséquence d'un trouble psychoaffectif généralement plus profond.

Cet état de dépendance périodique ou chronique à la connexion à un réseau social se caractérise par une difficulté à arrêter de se connecter et par la survenue d'un état de manque en cas d'absence de connexion. J'ai observé certaines personnes présentant des symptômes d'irritabilité, une baisse de l'humeur et des pensées obsédantes lorsqu'elles étaient déconnectées du réseau.

On constate un besoin excessif de connexion au réseau social et une augmentation progressive de son usage (c'est l'effet de tolérance) qui ont des conséquences dans la vie quotidienne : moins de temps et un désintérêt notable pour les activités habituellement appréciées, des conflits familiaux ou amicaux en raison du temps et des discussions passés sur le réseau social, dissimulation du temps consacré au réseau, problèmes d'assiduité et de performance au travail ou à l'école.

Le problème n'est pas le réseau social en tant que tel mais la manière dont il est utilisé. Certaines personnes souffrant d'un manque d'estime et de confiance en soi peuvent être plus vulnérables que d'autres à l'utilisation des réseaux. C'est pourquoi il est important de prendre le recul nécessaire sur ces médias pour éviter les conséquences psychologiques qu'ils peuvent induire. Nous verrons dans la prochaine partie du livre comment rester maître de sa consommation de réseaux sociaux.

Le e-love

On recense près de 18 millions de célibataires réels en France (estimation Insee, 2009), le nombre des célibataires étant en constante évolution depuis les années 1960.

Plusieurs explications éclairent ce fait :

– une entrée tardive dans la vie active ;

– l'augmentation des divorces (à ce jour 1 couple marié sur 2 divorce) ;

– le désir de se réaliser individuellement ;

– l'allongement de la durée de vie.

L'apparition de nombreux sites de rencontres (les agences matrimoniales modernes) démontre que le célibat est loin d'être un choix. Si certains arrivent à accepter cette situation, voire à en tirer parti, nombreux sont ceux qui aimeraient être en couple.

En consultation, je reçois de nombreuses personnes souffrant de leur célibat. Malgré les chiffres, elles se sentent différentes des autres et lorsque la durée du célibat s'étend elles pensent être responsables (pour ne pas dire coupables) de cette situation. Cela nuit à leur estime et à leur confiance au point qu'elles se replient sur elles-mêmes et renforcent ainsi la croyance de leur responsabilité.

Observons l'analyse fonctionnelle d'une patiente célibataire de 32 ans :

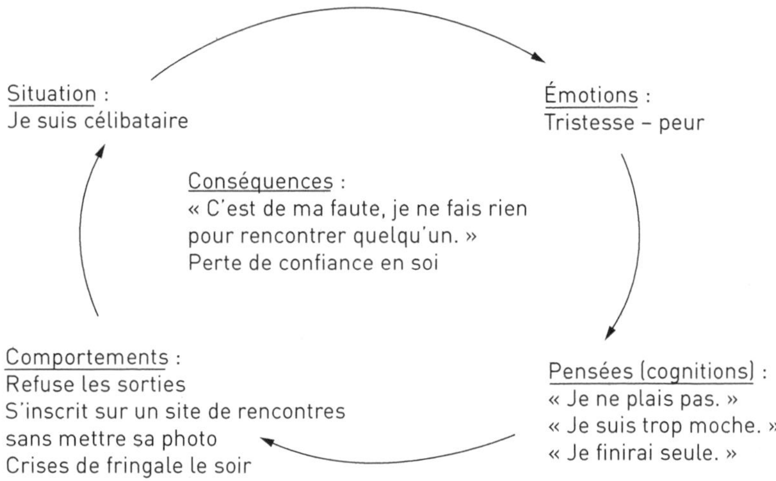

Figure 1. Analyse fonctionnelle en cercle vicieux (méthode C. Cungi).

L'avantage des sites de rencontres est de permettre à des célibataires de rencontrer d'autres célibataires qui sont dans la même démarche. Le postulat est connu par chacun, on sait pourquoi on va boire un verre ensemble. Pour les timides qui n'osent pas aborder une personne et encore moins séduire lors d'une soirée, c'est une aide précieuse qui peut faciliter la prise de contact.

Le comportement de séduction demande en effet une importante affirmation de soi. Dans son ouvrage *Affirmez-vous !*, Frédéric Fanget[3] présente les différents types de relations :

– les relations sociales courantes, les plus éphémères et superficielles ;

– les relations professionnelles superficielles ou les relations de copinage ;

– les relations de type amical qui supposent davantage de révélation de soi ;

– les relations intimes comprenant les relations de couple ou familiales. Les enjeux sont plus importants et les échanges plus profonds.

Séduire quelqu'un suppose de passer des relations sociales courantes aux relations intimes en très peu de temps. Un(e) séducteur(trice) doit également maîtriser au moins quatre des six[4] grands domaines de l'affirmation de soi : faire un compliment et savoir y répondre, faire une demande et savoir y répondre.

Bref, si le métier de coach en séduction est apparu, c'est bien qu'il n'est pas aisé de séduire. De plus, beaucoup de femmes constatent une baisse des comportements de séduction chez les hommes. Faut-il l'attribuer à l'apparition des sites de rencontres, devenus lieux de séduction privilégiés ?

Aller sur un site pour rencontrer quelqu'un permet d'éviter l'étape fatidique où l'on ose aborder une personne inconnue, étape pour le moins stressante puisque très incertaine : nous ne maîtrisons pas la réaction de notre interlocuteur. Ainsi, nous prenons moins de risques à échanger par écrit puis par téléphone pour enfin passer à la rencontre réelle.

Les sites de rencontres offrent donc la possibilité de s'exposer progressivement à la situation de séduction. Ils remplissent le rôle de facilitateur de rencontre qui ne supprime aucun des enjeux de séduction dans la phase de rencontre réelle.

La démarche de se mettre d'accord par mail ou par téléphone avant de se rencontrer permet d'éviter les refus et probablement la peur d'un échec. Enfin, être dans une démarche active de rencontres s'avère davantage positif que d'être en position attentiste à se morfondre sur ses croyances que l'on finira sa vie seul(e) !

Cette démarche comporte néanmoins quelques inconvénients que certains de mes patients m'ont confiés.

Mathilde a un important surpoids depuis son adolescence. Elle a subi beaucoup de moqueries de la part de ses camarades ainsi que des membres de sa famille. Elle a une très mauvaise image d'elle-même qui a contribué à renforcer son trouble alimentaire. Grâce aux sites de rencontres, elle peut échanger avec des garçons plus facilement et se sent même plutôt à l'aise dans l'art de séduire à l'écrit. Elle a mis un portrait d'elle sur son profil qui ne laisse rien présager de son surpoids. Ses échanges multiples la valorisent et la rassurent sur son potentiel de séduction. Elle l'évalue grâce au nombre de visites sur sa page.

Les problèmes apparaissent au moment de la rencontre. Pour se donner plus de chances, elle a omis de nombreuses fois de mentionner son problème de poids. Elle a malheureusement vécu des situations très douloureuses. Certains sont partis tête baissée en la reconnaissant, d'autres ont prétexté une excuse pour partir à peine dix minutes après leur rencontre. Elle a dû s'affirmer face à des propositions salaces et enfin elle a eu droit aux mêmes remarques que celles entendues au collège. Ces expériences ont généré beaucoup de détresse chez elle et ont contribué à renforcer ses peurs. La thérapie a consisté à l'aider à ne plus se cacher derrière son ordinateur, à révéler d'emblée qui elle est pour augmenter ses chances d'être contactée pour elle plutôt que pour une représentation idéale d'elle-même. Ensuite, nous avons essayé de traiter les séquelles traumatiques des remarques relatives à son poids pour enfin lui donner des moyens de mieux gérer son rapport à l'alimentation.

L'expérience de Mathilde démontre que l'utilisation des sites de rencontres en se cachant derrière un profil idéal permet de croire que l'on a davantage de chances de rencontre, mais dans certains cas, la confrontation à la réalité accélère aussi le processus de désillusion.

De façon plus générale, l'existence et la banalisation de ces sites supposent l'anormalité du célibat. Ceux qui n'arrivent pas à rencontrer l'« âme sœur » de façon naturelle ont désormais une aide. Mais s'ils n'y parviennent toujours pas, à qui la faute ? L'espoir investi dans ces sites et tout nouvel échec renforcent la croyance que c'est bel et bien eux le problème.

De surcroît, la manipulation du client existe. Des utilisateurs peuvent être trompés par des dirigeants sans scrupule qui créent de faux profils pour susciter plus d'abonnements. Des professionnelles séduisent les internautes masculins jusqu'à ce qu'ils paient leur abonnement et annulent ensuite le profil créé. Le client n'obtient jamais de rendez-vous mais a payé son droit de consulter les profils.

Ensuite, ce sont les clients eux-mêmes qui peuvent tromper des clientes de sites en embauchant un intermédiaire chargé d'obtenir un rendez-vous pour eux. Ces commerciaux de la séduction proposent des packages de plusieurs rendez-vous pour augmenter les chances du commanditaire. Les femmes sont ainsi persuadées de rencontrer la personne avec qui elles ont communiqué, mais celui-ci ne sert que d'appât.

Alors que l'idée première de mettre en contact des personnes cherchant à vivre une histoire sentimentale a toujours existé et peut être bénéfique, l'orientation commerciale que prennent ces sites ainsi que les produits dérivés (DVD de méthodes de séduction, autres sites conseillant comment être performant sur un site de rencontres...) qui en découlent sont délétères. Les aspects commerciaux ont pris l'ascendant sur la dimension humaine.

En position de choix face à une multitude de profils, le client devient un véritable consommateur. Certains sites ne s'en cachent pas et utilisent l'icône d'un petit caddie que les utilisatrices remplissent de profils masculins. Sur le marché du célibat, les hommes comme les femmes deviennent des produits de consommation.

Sachant qu'il y a une centaine de profils à disposition sur les différents sites existants, le risque existe d'augmenter son exigence et de n'être jamais réellement satisfait. Le (la) client(e) souhaite que le profil choisi s'ajuste à ses désirs alors qu'une rencontre « naturelle » oblige à s'accommoder à celui ou celle qu'il ou elle rencontre.

Les sites de rencontres font parfois oublier qu'une histoire d'amour ne se crée pas à chaque rencontre et que le hasard est une donnée importante. Il m'arrive de dire à mes patients qu'il est finalement assez rare de rencontrer l'amour dans une vie. Combien de fois pouvons-nous tomber réellement amoureux ? Combien de rencontres avons-nous faites avant de tomber sur celle ou celui avec qui nous partageons notre vie ? Et qui nous dit qu'il n'y en aura pas d'autres ? Nous faisons tout pour être acteur de notre vie, mais il y a de nombreuses choses que l'on ne contrôle pas.

Lucy Vincent raconte avec passion comment nous devenons amoureux[5] et explique que l'attraction entre deux personnes suppose tellement de paramètres (génétiques, hormonaux, olfactifs, physiques, cognitifs et comportementaux) que la rencontre amoureuse n'est pas un événement fréquent.

L'élément indiscutable pour tomber amoureux est en premier lieu nos réactions face aux stimuli chimiques de l'autre. En second lieu, nous sommes influencés par des facteurs cognitifs (ce que la raison peut analyser : l'humour, l'intelligence, les goûts...).

Les facteurs cognitifs ne suffisent pas à tomber amoureux (même si parfois cela influence fortement notre jugement), d'autres facteurs, génétiques et chimiques, sont également indispensables à une liaison durable et notamment l'ocytocine. Cette hormone responsable chez la femme de la contraction de l'utérus lors de l'accouchement et de l'extraction du lait maternel favorise les comportements et les émotions liés à l'attachement. Cette même hormone, sécrétée aussi par les hommes, pourrait être à l'origine du lien sexuel et amoureux.

Pour le formuler autrement, si une femme choisit un homme uniquement en fonction de facteurs cognitifs, fort est à parier que son sentiment amoureux ne pourra s'installer durablement. Inversement, si un homme est attiré chimiquement par une femme, cela ne signifie pas forcément que c'est l'amour de sa vie !

Certains sites de rencontres créent des questionnaires de compatibilité pour des rencontres encore plus efficientes et installent l'idée que l'amour dépend uniquement de facteurs cognitifs. D'autres encore sont réservés aux célibataires exigeants ! Il est peut-être bien là le problème : nous ne nous laissons plus beaucoup « chavirer » par une rencontre puisqu'elle est organisée, parfois minutée pour les *speed dating*.

Il faut dire qu'il est de plus en plus rare d'être abordé même dans des lieux qui pourraient s'y prêter comme des cafés ou d'autres lieux de vie sociale. Il semblerait que le mode de rencontre virtuel ait inhibé les comportements spontanés. Certes, ce n'est pas si simple d'aborder un(e) inconnu(e), il est plus facile de se retrancher derrière son ordinateur. Mais, au final, nous ne faisons que reporter cette étape stressante de la rencontre réelle.

Lorsque nous cherchons un partenaire sur Internet, nous nous laissons avant tout influencer par des facteurs rationnels en lisant un profil. Ce type de rencontre peut nous donner le sentiment de contrôler notre vie amoureuse, de la maîtriser parfaitement puisque nous sommes actifs face au célibat. Or s'il y a bien un domaine que nous ne pouvons contrôler, c'est celui des émotions et des sentiments.

Certaines firmes vont plus loin dans la volonté de contrôle en proposant une fragrance d'ocytocine et de phéromones adaptées aux hommes et aux femmes homosexuels ou hétérosexuels. Que penser d'une rencontre qui se déroulerait dans ces conditions ?

De la même façon que certains utilisent Internet pour cacher leur faible estime d'eux-mêmes, l'utilisation de ces stimulants hormonaux ne peut que renforcer le manque d'estime : c'est grâce au parfum que l'on réussit à séduire... pas grâce à ses qualités !

Enfin, ces sites peuvent être le terrain de chasse de prédateurs ou prédatrices !

Claire a entrepris une psychothérapie suite au désastre d'une rencontre par Internet. Son désir d'aimer et d'être aimée l'a empêchée de prendre conscience que le garçon qu'elle avait rencontré la manipulait, la maltraitait psychologiquement pour enfin l'escroquer financièrement. Elle présente des symptômes de stress post-traumatique et doit faire face à de gros problèmes financiers et judiciaires.

C'est avec une volonté incroyable qu'elle affronte les problèmes concrets engendrés par son ex petit ami et avec un courage exceptionnel qu'elle fait face aux émotions et conséquences traumatiques de cette rencontre.

En conclusion, il semble important de rester vigilant avec ce nouveau mode de rencontres et de s'assurer de savoir à qui l'on a affaire. Rappelons que la connaissance de l'autre est une phase indissociable du commencement d'une histoire affective.

Les sites de rencontres peuvent apporter une aide précieuse pour favoriser des rencontres, à condition de rapidement passer au réel. Il y a des facteurs chimiques dans une rencontre amoureuse contre lesquels nous ne pouvons pas lutter !

CHAPITRE 5

La communication omniprésente

Notre monde moderne est tourné vers la communication. Nous disposons de nombreux moyens pour communiquer les uns les autres sans limite de temps ni d'espace. Quel est l'impact psychologique de ce dépassement des limites sur les hommes ?

L'ère du mobile

Le téléphone portable s'est répandu à la fin des années 1990. Aujourd'hui, on dénombre 64,4 millions de cartes SIM en France (*Figaro Éco*, 2010), soit un taux de pénétration de 99,7 % sur la population française, et 5 milliards dans le monde (*Le Monde*, 2010).

Alors qu'il semblait être un objet de luxe, il est aujourd'hui un objet courant. Nous reconnaissons tous que le téléphone portable est utile. Mais utile à quoi ?

Être joignable ou joindre les autres vingt-quatre heures sur vingt-quatre où que l'on soit, à quoi cela nous sert-il ? Prévenir des changements pour pallier les contretemps ? Ensuite, de ce temps gagné, que faisons-nous ? Nous l'occupons assez systématiquement par une activité jugée utile, car le monde nous ordonne d'être productifs, efficaces, performants. Quelles sont les conséquences d'un tel comportement ?

En ayant un moyen de répondre immédiatement à nos besoins ou à nos demandes, en occupant les temps morts, nous nous retrouvons en hyperactivité et en position de toute-puissance. Nous pouvons accéder à nos désirs lorsque nous le décidons. Grâce au téléphone portable, nous gérons l'impondérable et de fait, supportons de moins en moins les contraintes et les échecs. Les réactions de certaines personnes peuvent être particulièrement fortes lorsqu'elles ne parviennent pas à joindre la personne souhaitée au moment où elles l'ont décidé.

En bref, le téléphone portable nous a rendus impatients, de plus en plus intolérants aux frustrations. Mais ce n'est pas tout.

Ce que j'observe le plus fréquemment, c'est combien le téléphone portable a créé de l'anxiété. À l'époque des téléphones fixes, nous n'étions pas inquiets de ne pas joindre une personne dans les huit à douze heures, nous recommencions le lendemain. Avec les portables, nous ne tolérons plus cette attente et avons tendance à nous inquiéter si nous n'avons pas de nouvelles dans l'heure !

Cette attitude correspond à un conditionnement.

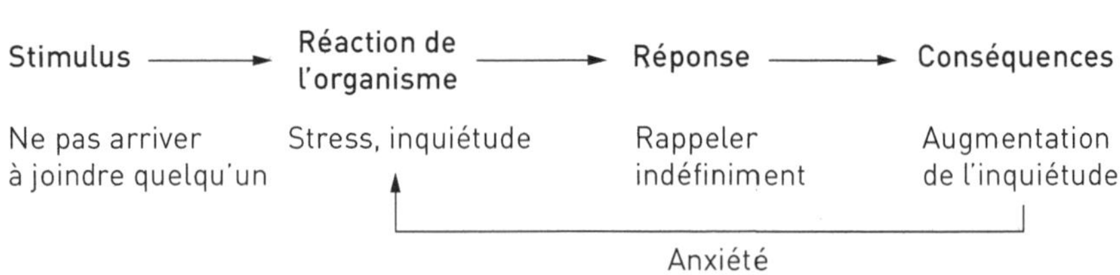

Plus nous prenons l'habitude d'avoir rapidement notre interlocuteur, moins nous tolérons de ne pas y arriver, générant ainsi des émotions de stress qui débouchent sur une inquiétude ou une frustration.

J'ai retrouvé mon doudou !

Il y a un autre bénéfice pour les utilisateurs du téléphone portable : c'est un objet rassurant. Il permet de savoir que nous avons le moyen d'appeler quelqu'un en cas d'accident, de retard, de malaise, de mal-être... Il est mon sauveur, mon pompier à portée de main ! Dans notre téléphone, nous avons l'agenda qui organise nos journées et le répertoire qui réunit tous nos proches et contacts sociaux. Ces deux fonctions peuvent à elles seules créer un lien privilégié avec cet objet. Si en plus, nous y mettons photos, musique, e-mails, Internet, etc., nous externalisons notre maison ! Le téléphone est « mon chez-moi » et même un prolongement de moi.

Ce n'est pas sans rappeler les théories de D. Winnicott sur l'objet transitionnel.

Selon lui, l'enfant vit dans une illusion durant les trois à quatre premiers mois de sa vie. Tout besoin, tout désir qu'il exprime est entièrement satisfait par sa mère : c'est l'illusion d'omnipotence. La mère « suffisamment bonne », selon les termes de Winnicott, est celle qui répond aux besoins de son enfant et qui instaure progressivement la frustration.

Notre société, nous l'avons dit, peut mettre les hommes dans une illusion de toute-puissance (ou d'omnipotence) comme la mère suffisamment bonne l'a fait pour son enfant dans les premiers mois de sa vie.

À partir de 4 mois, un grand nombre de nourrissons choisissent un doudou dont la fonction est de les aider à accepter la séparation ; ils perdent ainsi l'illusion de toute-puissance de façon moins douloureuse. De plus en plus souvent, ce sont les parents qui ont besoin de donner un doudou à leur enfant afin d'accepter la séparation d'avec lui !

Le téléphone portable remplit symboliquement la fonction de cet objet transitionnel qui permet d'affronter le monde extérieur en gardant un « morceau » de son chez-soi avec soi. Par le sentiment de contrôle qu'il entretient, il permet de lutter contre l'angoisse.

À ceux qui ont vécu l'angoisse d'oublier leur téléphone portable ou pire de le perdre, nous pouvons probablement assurer que cet appareil n'est pas seulement un objet matériel. Il est investi sur un mode affectif et émotionnel.

Alors que l'enfant parvient à se séparer de son doudou, il semble que les adultes aient du mal à lâcher leur téléphone portable. Observez autour de vous ceux qui le gardent dans la main ou dans leur poche continuellement. Nous l'avons vu pour d'autres situations, plus nous cherchons à nous rassurer, plus nous entretenons l'anxiété. Il est intéressant de s'interroger sur la fonction qu'occupe le téléphone portable et de trouver une distance suffisante avec cet appareil, utile certes mais non indispensable.

Nous reviendrons sur ce point dans la troisième partie de ce livre.

Comme une lettre à la poste !

La communication ne peut aujourd'hui se passer de courrier électronique. Le premier e-mail apparaît aux États-Unis en 1971 et ce moyen d'échanger se répand partout dans le monde en moins de vingt ans. En 2009, on recensait 65 % des Français détenant plusieurs adresses mail[1]. Les Français utilisent l'e-mail pour leur correspondance dans 79 % des cas, puis pour les jeux concours (62 %), les newsletters (55 %) et offres promotionnelles (54 %). 36 % s'en servent pour la recherche d'emploi ou de logement.

L'e-mail est un formidable outil de communication, il est une des avancées technologiques les plus utilisées de par le monde. Que nous a-t-il apporté ?

– un bénéfice économique, correspondre dans le monde entier au moindre coût ;
– un bénéfice énergétique, envoyer un courrier sans se déplacer ;
– un gain de temps, n'avoir aucun délai d'envoi ;
– une valeur écologique, réduire la production et le gaspillage de papier ;
– une ouverture sur le monde, recevoir des informations auxquelles nous n'aurions jamais eu accès par courrier postal.

Pour résumer, l'e-mail nous a apporté rapidité, facilité, économie et fiabilité de communication. Au quotidien, il offre de nombreux avantages ; c'est encore une fois la manière dont nous l'utilisons qui peut avoir des conséquences sur le plan psychologique.

➤ *Conséquences sur notre façon de communiquer*

Nous avons pris l'habitude de correspondre dans l'instantané. Alors que nous attendions deux à trois jours pour la réception d'une lettre par son destinataire et une réponse éventuelle la semaine suivante, nous supportons assez mal d'attendre plus de deux heures une réponse à un de nos e-mails. C'est flagrant dans le monde du travail. Le mail n'a pas seulement remplacé le courrier postal, il a aussi transformé la communication orale à l'intérieur d'une équipe.

Alexandra est ingénieur dans une grande entreprise. Elle m'explique qu'elle et ses collègues ont tendance à tout écrire par e-mail : le fil de leur réflexion lors d'un projet, leur mécontentement, leurs idées. « On écrit comme on parle et on s'attend à des réponses immédiates comme lorsqu'on s'adresse à quelqu'un oralement. »

Lorsqu'on rédige des e-mails comme on se parle, commencent alors les problèmes d'interprétation. Lorsque nous sommes face à la personne qui nous parle, nous pouvons comprendre sa communication verbale tout en observant sa communication non verbale qui va traduire ses émotions. Le message sera compris grâce à ces deux paramètres.

Sans paramètre non verbal, il n'est pas rare que l'e-mail devienne sujet de conflit en raison des interprétations possibles du langage écrit.

Alexandra en a fait les frais à son travail. Elle m'explique avoir répondu à un mail d'un collègue pour confirmer une prise de décision. À la cantine de l'entreprise, quelques heures plus tard, elle retrouve ce même collègue plutôt distant, froid avec elle. Elle n'y prête pas attention jusqu'à ce qu'il lui parle de façon agressive. Elle lui demande alors ouvertement ce qui ne va pas et celui-ci

de répondre : « Vu comment tu me parles dans tes mails, je ne vais pas non plus te faire des courbettes ! »
En lui demandant de préciser, elle s'aperçoit que ce qui avait dérangé son collègue était lié à sa façon de communiquer à l'écrit. Tellement habituée à écrire comme elle parle, elle en oubliait les formules de politesse et de courtoisie : les « bonjour » avaient disparu, les « au revoir » partis aux oubliettes, sans compter les « bonne journée » ou les « amicalement »... Les messages d'Alexandra étaient devenus froids et sans émotions ; ce qui laissait son collègue face à ses interprétations. Elle lui expliqua que ce n'était pas un problème d'intention mais de mauvaise habitude. Elle pensait gagner du temps en tapant moins de mots ! Elle lui promit de faire attention dorénavant à sa communication écrite.

➤ *Conséquences sur nos actions*

L'humain a mis en place un système pour être alerté lorsqu'il reçoit un mail. Il n'a plus besoin de se « déplacer » dans sa messagerie en cliquant sur son icône : c'est le système push-up. Alors que nous sommes affairés à une activité, un signal sonore nous invite à ouvrir le mail qui est arrivé. Qui résiste à cette tentation ? Certainement pas ceux qui ont adopté ce système sur leur messagerie ou leur téléphone. Cela signifie que le mail est leur priorité.

Aline travaille dans un laboratoire pharmaceutique et fonctionne beaucoup par e-mail. Le système push-up lui permet de répondre instantanément aux messages qu'on lui envoie. Elle arrête immédiatement ce qu'elle fait pour répondre aux messages. Elle s'est habituée à ce signal et au comportement qu'elle adopte. Elle vient me consulter pour stress professionnel. Elle décrit des problèmes de concentration et une peur obsédante de passer à côté d'une information importante. En effet, Aline s'attend tellement à l'arrivée d'un signal sonore toutes des dix à quinze minutes que si cela ne sonne pas, elle s'en inquiète et va vérifier dans sa boîte mail que rien ne lui a échappé. Cette anticipation l'empêche de se concentrer sur sa tâche et, lorsqu'elle y parvient, un mail arrive venant interrompre son action. Je lui ai proposé d'abandonner le système push-up et de se fixer des temps pour récupérer ses mails et y répondre. Cela lui a permis aussi de relativiser sa peur de manquer une information.

Dans ces exemples, l'humain a été capable grâce aux e-mails de contrôler le défilement du temps et de l'espace : dans cette illusion de toute-puissance, il tolère de plus en plus mal de perdre du temps.

Le texto : l'arme de la fuite

Après l'e-mail, nous avons vu apparaître une nouvelle forme de communication : le texto ou SMS. SMS est l'acronyme de *short message service*, « service de petite messagerie » en français.

Il permet d'adresser un message court sur le téléphone d'une personne sans être obligé de l'appeler. Ce peut être un lieu ou une heure de rendez-vous ou encore une liste de courses… tout ce qui au départ ne nécessiterait pas un appel direct. Ce mode de communication s'étend à toute sorte de discussions aujourd'hui. J'entends des patients me dire qu'ils ont géré un conflit par SMS.

La communication SMS amène à s'exprimer sur un mode « conversationnel » moins formel que l'écrit classique et donne l'impression que tout peut être exprimé facilement par ce biais.

Léna, une patiente de 23 ans, a appris par SMS la décision de son petit ami de rompre. Cela faisait six mois qu'ils étaient en couple. Il n'y avait pas de conflits apparents. Elle sentait bien qu'il mettait de la distance depuis quelques semaines, mais il ne répondait pas vraiment à ses questions directes. Après la réception de ce message, de longs échanges par SMS ont suivi pour s'expliquer. À aucun moment, Léna ou son petit ami n'ont eu de contact direct par téléphone ni n'ont décidé de se voir pour parler. Son histoire d'amour s'est terminée sur un smiley (exprimant la tristesse) : J.

Léna a tout de même une explication, un sens à cette rupture. D'autres n'ont pas toujours cette chance et doivent rester sur leur faim. J'entends parfois que certaines personnes ne décrochent plus et peuvent aller jusqu'à changer de numéro de téléphone pour ne pas avoir à affronter ces instants pourtant indispensables aux protagonistes de l'histoire.

Ce que montre cet exemple, c'est que le SMS permet l'esquive, de ne pas affronter l'autre pour ne pas avoir à gérer sa réponse et les émotions qui vont avec.

Le SMS facilite l'évitement des situations conflictuelles ou émotionnellement fortes.

Néanmoins, il pourrait avoir une valeur en réhabilitant l'écrit chez les jeunes. Il existe des forfaits téléphoniques illimités en SMS pour les adolescents qui plébiscitent cette forme de communication. Un nouveau langage apparaît, chargé d'abréviations et autres acronymes inventés : *lol* (*laughing out loud* = « en train de rire très fort »), mdr (« mort de rire »)...

Les acronymes donnent la valeur émotionnelle au contenu factuel.

Le seul risque de ce langage est encore lié à l'installation d'une habitude qui pourrait ne pas convenir à certaines situations. Il s'agit de veiller à ne pas généraliser cette communication et de rappeler aux ados que l'on attend d'eux dans leur scolarité et dans le monde professionnel une expression française courante et parfois soutenue. Le SMS contient souvent un registre de langage familier qui n'est adapté que pour les amis et la famille.

Le monde moderne a développé de nombreux moyens de communication virtuels. Plus la communication est virtuelle, plus nous avons tendance à réduire nos échanges réels. C'est un conditionnement latent et insidieux qui peut conduire à une dépendance paralysante.

Nous assistons à un formidable paradoxe social. Jamais la société n'a autant plébiscité la communication (dans le couple, en entreprise, en famille...), jamais nous n'avons eu autant de moyens pour communiquer, mais les moyens en tant que tels et leur utilisation nous obligent à une distance entre nous.

De plus, les personnes qui n'utilisent pas les multimédias ont tendance à être exclues voire dévalorisées, cela peut notamment être un handicap dans la vie professionnelle.

Pour autant, il est utile d'avoir plus conscience de nos comportements pour s'assurer d'être libres de nos décisions. Communiquer c'est établir une relation avec autrui, c'est un moyen de connaître et de se reconnaître ensemble.

CHAPITRE 6

L'information illimitée

Combien y a-t-il d'émissions d'information dans l'offre audiovisuelle ? D'après ma petite recherche, j'en compte une quarantaine hebdomadaires sur les six chaînes nationales. Il faut probablement multiplier par dix ou plus si l'on compte les chaînes câblées. Il existe aussi les émissions qui commentent les émissions d'information. À quoi correspond cet engouement, voire ce besoin de s'informer ?

Tout savoir et tout comprendre !

Les premières chaînes d'information continue sont nées à l'aube de l'an 2000 à l'instar des chaînes de radio d'information continue. CNN, aux États-Unis, est née en 1980, il faut attendre 1994 pour la naissance de LCI alors que France Info diffusait à la radio une information continue depuis 1984.

Elles avaient pour objet de départ la promotion de la francophonie sur la scène médiatique mondiale et pour objectif de concurrencer les chaînes américaines ou anglaises d'informations internationales. La façon dont la France communique sur les actualités internationales participe au travail diplomatique et représente un enjeu culturel important dans l'ère du tout numérique.

➤ *Tout savoir*

Le principe de ces chaînes d'information est de communiquer de façon continue l'ensemble des actualités nationales et internationales. Ainsi, les journalistes présentent en boucle les titres et peuvent annoncer en direct l'évolution d'une actualité. Nous sommes tenus au courant des moindres détails, qu'ils soient importants ou non. Il faut faire vivre l'information et l'alimenter des dépêches qui tombent. En plus d'écouter en boucle les messages, nous pouvons lire (toujours en boucle) d'autres informations qui défilent en bas de nos écrans. L'exercice n'est pas des plus simples, notre attention est occupée à lire et à entendre simultanément.

> Chloé en a fait l'expérience, elle relate : « Il est très difficile de se concentrer sur une seule tâche à la fois, je ne peux pas m'empêcher d'écouter le journaliste et de lire le contenu des messages déroulants. Cela me perturbe au point que je ne sais plus ce que j'ai lu ou entendu et parfois je mélange des informations entre elles ! »

L'avantage pour le téléspectateur est d'avoir un grand nombre d'informations en un minimum de temps. Rester dix minutes devant une chaîne d'information suffit à connaître l'essentiel de l'actualité.

Cette manière de communiquer en continu et à l'affût du moindre nouveau fait ne nous pousserait-elle pas à croire que nous devons être au courant de tout ? Notre pays a soif de transparence. Mais cela ne nous met-il pas plus dans une position de contrôle que de spectateur ?

D'ailleurs, certaines chaînes nous proposent de leur fournir de l'information, d'envoyer des vidéos d'un événement auquel nous avons assisté. Bref, d'être acteur et téléspectateur de l'information.

➤ *Tout comprendre*

Il n'y a pas une chaîne télévisée sans décryptage de l'information ! Il existe même des émissions qui décryptent ce que les autres décryptent. Tout le monde analyse tout le monde. La psychologie et la psychanalyse ont pénétré la sphère médiatique et sont appelées à la rescousse face aux incompréhensions humaines !

Je ne vais pas être la dernière à défendre l'idée que comprendre ce que nous vivons nous aide à mieux maîtriser notre vie, ce qui est à différencier de la contrôler !

Maîtriser sa vie pourrait se définir comme faire confiance en ses choix et la diriger vers ce à quoi l'on croit tout en acceptant ses vicissitudes. C'est l'image d'un capitaine de navire qui cherche à maîtriser son bateau mais qui doit accepter les risques de la traversée.

Contrôler sa vie, c'est différent. C'est plutôt vouloir tout prévoir et que rien n'échappe à cette volonté. C'est aussi aller en direction de son désir, envers et contre tout. Cela rend moins flexible en cas d'imprévu ou de catastrophe.

Ainsi, comprendre nous est utile, mais chercher à tout comprendre peut nous desservir dans le sens où nous essayons de contrôler les événements au lieu de nous y adapter.

Aujourd'hui, nous ne laissons plus beaucoup de place au hasard. Il semble qu'il y ait un rapport de cause à effet pour tout. La médiatisation de la psychologie renforce bien cette dynamique. Il faut trouver une raison à tout : pourquoi je ne rencontre pas l'homme ou la femme de ma vie ? Pourquoi n'ai-je pas été pris à ce poste ? Pourquoi ai-je eu un accident ? Pourquoi ai-je un cancer ? Pourquoi je n'arrive pas à avoir un enfant ?

Élisabeth est âgée de 29 ans lorsqu'elle entreprend une thérapie cognitivo-comportementale. Elle vit des périodes d'angoisse et dit n'avoir aucune confiance en elle malgré des études brillantes et un emploi très valorisant. Elle souffre surtout d'un manque d'affirmation de soi en lien avec une estime de soi plutôt basse. Son plus gros problème réside dans sa culpabilité consécutive à ses interprétations personnelles des événements : chaque fois qu'il lui arrive quelque chose de négatif, c'est sa faute. Élisabeth personnalise tout. Elle perçoit les situations dans lesquelles elle se trouve de façon biaisée par une croyance : « Je suis responsable des mauvaises choses de ma vie. » Ayant des difficultés à faire un enfant, Élisabeth se tourne indiscutablement vers sa croyance et se sent coupable de ne pas y arriver. Il va sans dire que l'injustice de cette situation est révoltante. Cela dit, pourquoi n'aide-t-on pas plus ces femmes et ces hommes à concevoir la part de hasard ou d'aléatoire dans la fécondité ? Au lieu de cela, on leur dit : « Il ne faut pas y penser comme ça ! Vous êtes trop stressée ! » On les renvoie à leur culpabilité.

Cette manière biaisée d'interpréter les événements est appelée distorsion cognitive. On peut la définir comme une série d'erreurs de logique faites dans l'interprétation des événements, des autres, de l'avenir ou de soi. Ces erreurs d'interprétation, le plus souvent en notre défaveur, engendrent des émotions désagréables.

Repérer nos distorsions cognitives pour aller mieux

Nous faisons régulièrement des distorsions dans notre façon de percevoir les événements, il est important d'apprendre à les repérer pour prendre du recul sur les situations que nous vivons.

- La pensée dichotomique est une perception en tout ou rien : « Si j'ai raté mon examen, c'est que je suis nul. »
- L'inférence arbitraire est une façon de tirer des conclusions sans preuves. J'appelle souvent cette distorsion la pensée *boule de cristal* : « Ça va mal se passer, je n'aurai pas mon permis. »
- La surgénéralisation consiste à tirer des conclusions générales : « Ce garçon ne m'a pas adressé la parole de la soirée, c'est bien la preuve que je n'arriverai jamais à intéresser un homme. »
- L'abstraction sélective isole une information négative et considère l'ensemble de la situation comme négative : « La soirée s'est mal passée, je suis tombée sur mon ex. »
- La minimisation consiste à disqualifier les événements positifs et minimiser sa part de responsabilité : « Mon chef m'a fait des compliments, mais ça doit être juste pour me faire plaisir. »
- La maximalisation consiste à mettre en valeur les événements négatifs : « Mon chef ne m'a pas fait de remarques sur mon dossier, je ne suis pas à la hauteur. »

• Le raisonnement émotionnel est une interprétation faite uniquement à partir de nos ressentis : « Je suis désespéré, il n'y a pas de solution possible. »
• Les fausses obligations sont des pensées tyranniques répondant à un niveau d'exigences élevé : « Je dois préparer le week-end les repas pour toute la semaine. »
• La personnalisation est une manière de se penser toujours responsable des événements négatifs : « Mon fils n'a pas eu son bac, je n'ai pas fait ce qu'il fallait. »
La recherche du pourquoi est le reflet de la personnalisation.

Notre vision du monde est de plus en plus déterministe et rejoint parfois la pensée nécessitariste, selon laquelle tout ce qui se produit est nécessaire et peut être prédit.

Cette vision répond de nouveau à notre besoin de toute-puissance. Nous contrôlons l'ensemble de notre vie et, en cas de faux pas, nous analysons les facteurs déterminants pour nous assurer que nous pouvons agir sur les événements.

Cette perspective peut être constructive concernant les éléments de notre vie sur lesquels nous pouvons agir : ce que nous faisons ou ne faisons pas en direction de ce que nous voulons. Mais il existe des éléments que nous ne contrôlons pas complètement : les émotions, la santé, les rencontres…

Nous essaierons dans l'axe cognitif de la troisième partie « Vivre mieux » (p. 147) d'apporter des moyens d'assouplir cette perception du monde et de la vie.

La téléréalité des infos

Lorsque l'émission *Loft Story* est apparue sur nos écrans en 2001, il n'y a pas un journaliste, pas un homme politique, pas un citoyen qui ne se soit pas révolté contre cette façon de rendre publique la sphère intime. La téléréalité montre dans le cadre d'un programme récurrent des situations mettant des individus « ordinaires » dans des situations réelles mais où ils sont exposés publiquement *via* la télévision (colocation, vie familiale...). Cette mise en avant de personnes lambda permet une identification majeure des téléspectateurs et encense la médiatisation.

Elle peut aussi mettre sur le devant de la scène des célébrités dans des situations ordinaires pour supprimer les barrières entre le quidam et le people.

Aujourd'hui, ce genre télévisuel ne choque plus personne. Notre cerveau s'est habitué à ce type d'images et nos émotions se sont désensibilisées.

En psychologie comportementale, nous appelons cela le « principe d'habituation » : la présentation prolongée et répétée des stimuli aboutit à la diminution de la force des réponses émotionnelles. En d'autres termes, plus on s'expose à son émotion et plus celle-ci diminue. L'inverse de l'habituation est la sensibilisation : l'exposition brève à des stimuli anxiogènes renforce nos réactions émotionnelles.

Ainsi, la première diffusion d'une image choc peut créer des émotions désagréables (sensibilisation), mais plus cette image est diffusée et plus notre cerveau s'habitue, plus nous ressentons une baisse du niveau émotionnel.

Cela dit, bon nombre de patients disent avoir du mal à supporter les images du journal télévisé.

> Albane, 53 ans, présentant un trouble anxieux généralisé me dit : « Lorsque mon mari regarde les infos, je sais que je vais avoir peur. Je suis trop sensible pour regarder les images. À la rigueur, j'écoute, mais je ne veux pas voir. C'est trop dur ! Il m'est arrivé de pleurer devant les images d'Haïti ou du Japon. C'était insupportable ! Je me dis chaque fois que notre monde est en perdition. »

Certes, Albane souffre d'un trouble anxieux depuis plusieurs années et cela affecte sa représentation des événements. Mais la manière dont les médias traitent les informations ne renforce-t-elle pas sa perception pessimiste du monde et de l'avenir ?

Il semblerait que les actualités soient de plus en plus traitées dans le genre téléréalité. Les nouvelles sont récurrentes et suivies comme un feuilleton. Les journalistes rendent publics des événements banals de l'évolution de l'information.

Pour exemple, l'affaire DSK (qui sonne comme un film hollywoodien) a été traitée comme un feuilleton. Nous étions informés quasiment en temps réel des événements. Dominique Strauss-Kahn était filmé partout où il se déplaçait, les comptes rendus de son emploi du temps se succédaient jusqu'au choix de son dîner, nous avons même eu droit à la visite de sa maison et aux réactions de son voisinage. La manière dont a été traitée cette information a largement créé une confusion entre la fiction et le réel.

Pourquoi les médias choisissent-ils ce traitement de l'information télévisuelle ?

• À l'origine, les actualités étaient projetées au cinéma et ont précédé la création d'histoires fictives. Est-ce un retour vers le passé ?

• Comme nous l'avons déjà dit, ce genre est probablement banalisé aujourd'hui.

• La téléréalité se vend bien, elle obtient des parts de marché sans doute très intéressantes.

• Nous sommes dans un monde d'images et il faut tout montrer pour entrer dans une logique de transparence démocratique.

Comment ce type d'information va-t-il influencer la façon dont tout individu assimile ce qu'il perçoit ?

Si le monde est si terrible, alors... je suis vulnérable

Revenons quelques instants sur le cas d'Albane qui évite de plus en plus les informations télévisuelles pour ne pas avoir à supporter des émotions de tristesse ou de colère. Je lui ai demandé de remplir un tableau décrivant de quelle façon certaines situations la faisaient souffrir.

Au fur et à mesure qu'elle entend les informations et qu'elle voit des images, Albane ne s'habitue pas, elle semble se sensibiliser davantage. Le fait qu'elle évite de regarder les images explique en partie le fait que l'habituation ne se produise pas. Mais je constate qu'Albane semble de plus en plus sensible aux images et nouvelles informations.

Situations	Émotions	Pensées automatiques	Comportements
Mon mari met le journal de 20 heures.	Appréhension	Ça va encore me démoraliser.	Je vais préparer le repas et je fais des allers et retours entre la cuisine et le salon.
Images du tremblement de terre et du tsunami au Japon.	Tristesse	C'est terrible ce que vivent ces gens...	Je ne retiens pas mes larmes. Je reste dans la cuisine et ferme la porte.

Comment cela peut-il s'expliquer ?

• Les images diffusées sont présentées quelques secondes, voire quelques minutes, et répétées dans le temps. Le cerveau ne peut mettre en place le principe d'habituation car nous ne sommes pas durablement exposés à nos émotions.

• La répétition des images et des mots encode ces informations dans notre mémoire à long terme.

• La mémorisation et l'apprentissage sont plus efficaces puisqu'ils sont accompagnés d'une émotion.

• Nos pensées automatiques s'organisent autour de nouvelles croyances sur le monde, l'avenir, les autres et nous-mêmes.

J'ai essayé de schématiser la façon dont Albane traite sur un plan cognitif ces informations :

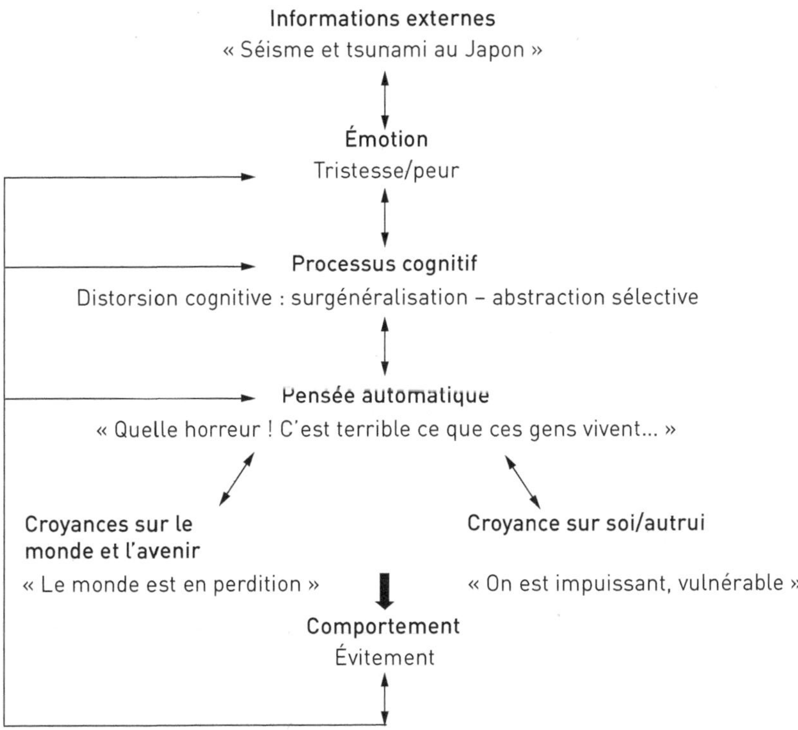

La façon dont chaque individu traite les informations perçues au quotidien dépend de beaucoup de facteurs :

– son éducation ;
– ses expériences de vie ;
– son environnement au rôle renforçateur ou non ;
– sa vulnérabilité émotionnelle qui conduit à des adaptations différentes.

Lorsque le journalisme d'information livre une information spectacle en répondant à des exigences économiques, il peut impacter insidieusement la perception du monde qu'à son public. Je suis certaine que le monde journalistique se remet en question face aux évolutions de notre société et cherche à garantir une démarche éthique. Mais certains sont soumis aux exigences d'un marché de plus en plus concurrentiel et peuvent avoir des pratiques faillibles.

Parallèlement, il est indispensable d'aider nos enfants, adolescents, futurs adultes à prendre du recul sur la « vérité » de l'information : la télévision n'a pas toujours raison !

S'informer sur Internet ou le zapping cognitif

Nous sommes très nombreux à utiliser Internet pour nous informer. C'est pour beaucoup un outil professionnel.

En famille, entre amis, dès qu'une question se pose, heureusement Internet est là pour donner la réponse ! Il ne faut pas moins de trois minutes pour que quelqu'un dégaine Google sur son téléphone ou sur son ordinateur. D'ailleurs, l'accessibilité à Internet s'est renforcée avec l'apparition des tablettes numériques. Celles et ceux qui en détiennent une disent à quel point Internet est entré dans leur vie depuis qu'il suffit de prendre la tablette. Plus besoin d'allumer l'ordinateur, d'attendre sa mise en route. La tablette se déplace dans tous les lieux du quotidien. Si l'on observe les comportements des gens dans la rue, au restaurant, dans le métro, on s'aperçoit que 90 % de ceux-ci sont occupés à regarder leur téléphone ou à lire un journal d'information. Rares sont les oisifs qui regardent le paysage ou laissent libre cours à leurs pensées.

Ce besoin de nous informer renvoie à l'impossibilité d'ignorer, la difficulté à attendre. Nous voulons des réponses immédiates. Mais cette nouvelle façon de nous informer (et donc d'apprendre de nouvelles informations) a-t-elle un impact sur nos processus cognitifs et le fonctionnement de notre cerveau ?

L'information étant à portée de main, cela freine personnellement mes efforts intellectuels. Un exemple ? Je ne sais pas quel menu préparer pour le repas, je vais plus facilement me tourner vers mon ordinateur que faire appel à mon cerveau ! À long terme, n'y a-t-il pas un risque de réduire les processus de mémorisation ?

> Emmanuelle a 38 ans. Issue d'une famille de lecteurs, elle a toujours un livre de chevet depuis son enfance. Appréciant particulièrement la littérature, elle a fait des études de lettres et tâche de transmettre sa soif de connaissance en effectuant le formidable métier d'institutrice. Elle m'a avoué il y a peu de temps qu'elle avait de plus en plus de mal à se concentrer de façon continue sur un texte demandant une certaine réflexion, attribuant cela au mode de lecture sur Internet.

Habitués à la lecture d'articles condensés, synthétiques et sollicités par les liens proposés, nous naviguons de façon frénétique entre les informations et parfois n'allons pas au bout de leur lecture. Si, en plus, nous ouvrons la fenêtre d'un annonceur publicitaire ou le mail qui vient d'arriver, nous sommes distraits et perdons le fil de ce que nous faisions.

La remarque d'Emmanuelle rejoint celle de Nicholas Carr, écrivain américain, qui se demande si Internet peut rendre idiot[1]. Il prétend que surfer sur Internet surcharge notre mémoire de travail[2] et affecte notre capacité d'attention. Si notre attention est altérée, cela nous empêche d'intégrer en mémoire les différentes informations. Selon lui, le problème est essentiellement lié aux distracteurs de l'attention : les liens hypertextes entre les informations, les offres publicitaires, les commentaires de nos amis Facebook… Le cerveau s'habitue à fonctionner en multitâche et peut « décourager la pensée attentive et concentrée ».

Une étude publiée en 2011[3] conclut que nos stratégies d'apprentissage évoluent en utilisant Internet et que notre mémoire s'oriente vers plus de « transactivité ». Ainsi, face à la quantité d'informations à traiter, nous avons moins besoin de stocker en mémoire les informations, nous les délocalisons sur des supports numériques. Dans cette étude, les étudiants se souvenaient davantage de l'endroit où était stockée une information sur le moteur de recherche Google que de l'information elle-même.

Aujourd'hui, Internet nous épargne un effort cognitif, celui de faire une synthèse ou d'établir les liens entre différentes notions.

La manière dont sont proposées les informations sur Internet semble réduire les capacités d'apprentissage du fait d'une surcharge cognitive.

En outre, cette façon de traiter l'information semble générer une forme de désorientation. Un lien en amenant un autre, nous pouvons perdre le fil de notre raisonnement. La structuration du texte ouvrant vers des liens hypertextes ne permettrait pas un apprentissage précis de l'information mais, au contraire, un apprentissage plus global.

Il paraît donc indispensable d'adapter la conception des outils des nouvelles technologies aux modèles cognitifs humains de traitement de l'information et d'apprentissage. Les ingénieurs chargés de créer ces nouveaux outils ne connaissent pas assez les conséquences neurocognitives de leur utilisation, et les utilisateurs peuvent pâtir de ce manque de connaissance. Afin d'éviter une réduction des capacités d'apprentissage, de nombreux chercheurs en psychologie cognitive considèrent qu'il vaut mieux faire une première lecture entière du texte que nous étudions, sans cliquer sur les liens hypertextes. Il s'agit de comprendre dans un premier temps la ligne directrice du sujet traité. Dans un second temps, nous pouvons reprendre le texte et cliquer sur les liens pour ouvrir nos connaissances vers de nouveaux champs de réflexion.

Pour autant, il ne s'agit pas de nier qu'Internet est une formidable bibliothèque mondiale qui nous permet d'explorer d'innombrables domaines de connaissance. Reste à savoir utiliser Internet de façon adaptée à notre fonctionnement neurocognitif.

Le refus de l'ennui

Tous ces comportements vis-à-vis d'Internet, ou plus globalement des nouvelles technologies et de l'image déjouent l'ennui. Face au vide existentiel que représente l'inactivité, nous nous abreuvons de connaissances, d'images et d'informations. Toutes les informations que nous consommons sont-elles utiles ?

Lorsqu'il y a un but précis, il est certain qu'Internet est un outil précieux, mais j'entends tant de personnes dirent qu'elles passent leurs soirées sur le Net sans même voir le temps passer. En levant le nez de l'écran, elles s'aperçoivent qu'elles ont passé trois heures à regarder des vidéos, à échanger sur Facebook, à ouvrir les messages publicitaires… Sollicités par tous les stimuli, happés par les images, nous cliquons sans prendre de recul sur ce que nous faisons.

L'ennui est plutôt mal perçu de nos jours, parfois même considéré comme le symptôme d'une dépression. Or c'est dans ce temps que notre cerveau est le plus productif. Il est libre de ses connexions neuronales et notre réflexion est culminante. Si notre cerveau est surchargé d'informations, d'images, il est passif et il lui est impossible de tout intégrer. Toutes ces données que l'on engloutit ne sont pas mémorisées (et heureusement !) et ne font qu'occuper notre cerveau, qui est surstimulé et s'habitue à cette stimulation au point de ne plus supporter quand cela s'arrête. Et nous cherchons à pallier cette sensation angoissante de vide ou d'inactivité en nous connectant à nos écrans en tout genre.

Face à l'ennui, le cerveau a toujours trouvé des stratégies : permettre la réflexion et la créativité grâce au temps que l'on accorde à notre psychisme pour associer et élaborer librement nos pensées.

On le recommande aux enfants pour qu'ils puissent créer des jeux, qu'ils laissent émerger leur imaginaire. Cependant, les adultes appliquent-ils ce qu'ils recommandent à leurs enfants ?

Il ne s'agit pas de rendre coupable Internet de notre paresse cognitive, mais de nous rendre plus responsables de la manière dont nous utilisons ce média.

Ainsi, il apparaît nécessaire d'éduquer les enfants à l'usage d'Internet et des objets de nouvelle technologie afin qu'ils ne délocalisent pas trop leur mémoire, qu'ils poursuivent les efforts de réflexion et n'aient pas peur de leur inactivité motrice.

La cyberdépendance est de plus en plus fréquente dans les consultations psychologiques. La machine va-t-elle changer le cerveau humain ou l'homme va-t-il garder le pouvoir sur la machine ?

Je vous proposerai un moyen de mieux maîtriser votre consommation Internet dans la prochaine partie de ce livre (p. 147).

CHAPITRE 7

Superman au travail

Le travail est une source de revenu financier pour l'individu, qui permet le développement économique d'un pays. Il confère un rôle social à l'individu et fonde aussi une grande partie des rapports et des échanges sociaux. Il peut permettre un développement et un épanouissement personnels qui entraîneront un meilleur indice de bonheur mondial[1].

Le monde du travail s'adapte aux contextes socio-économiques dans lesquels les hommes évoluent. Les changements technologiques, la libéralisation financière et commerciale ont eu un fort impact sur le monde du travail, qui impose davantage de compétitivité. Quelles sont les conséquences psychologiques de ces changements ?

Mondialisation, concurrence économique et crise

La mondialisation, qui peut être perçue comme un projet positif, a uniformisé les échanges marchands de biens et de services dans un but d'équilibre mondial du commerce. Cela a pu représenter une chance et un espoir pour certains pays du tiers-monde de se développer dans une croissance économique mondiale plus forte.

Comme toute médaille a son revers, il existe un effet paradoxal de ce projet à l'origine solidaire. Il creuse un fossé entre les pays en mesure de suivre les exigences économiques du marché mondial et ceux qui n'ont pas ces moyens. Ainsi, le libéralisme et la mondialisation ont tendance à augmenter la concurrence économique et renforcent les disparités.

La crise déclarée à l'été 2008 a bouleversé les plans internationaux. Les États-Unis, une des plus grandes puissances économiques mondiales, ont connu un effondrement financier aux conséquences internationales. Les banques américaines avaient accordé des prêts hypothécaires, les *subprimes*, pour garantir le remboursement des emprunts. Lorsqu'un souscripteur ne pouvait plus rembourser, sa maison était saisie par la banque et vendue. Mais avec la baisse des prix de l'immobilier, les banques ont perdu énormément d'argent et se sont vite retrouvées dans une situation financière très critique. La crise des *subprimes* a ruiné plus de deux millions d'Américains, incapables de rembourser leurs emprunts.

Par effet ricochet, les banques étrangères, qui possédaient aussi des titres de *subprimes* dévalués, ont plongé à leur tour, accentuant la crise de chaque pays. Jean-Pierre Robin écrit en 2009 dans *Le Figaro* que la mondialisation est un « accélérateur de crise ». Il se réfère au mythe de la tour de Babel : cette tour fut édifiée par les hommes, sur l'idée de Nemrod, pour atteindre le ciel. Pour réaliser cet édifice, tous les hommes étaient censés parler la même langue.

Dieu, voulant punir les hommes d'autant de vanité, a multiplié les langues pour qu'ils ne puissent plus se comprendre. La tour ne put être achevée et les hommes se dispersèrent sur la Terre.

La mondialisation serait cette tour de Babel, et la crise, notre punition !

Et la peur qu'elle engendre est celle du manque d'argent. La peur peut entraîner des comportements de différentes natures : protectionnistes et défensifs, méfiance, défiance, agressivité, attaque ou fuite, évitement, mais aussi de la réflexion et du recul.

Nous pouvons résumer le processus sous cette forme :

Que vit la population au quotidien ? = SITUATIONS	**Que ressent-elle face à ce quotidien ? = ÉMOTIONS**	**Que peut-elle penser ? = PENSÉES AUTOMATIQUES**	**Comment la population réagit-elle ? = COMPORTEMENT**
L'inflation, une baisse du pouvoir d'achat, un chômage en hausse, une retraite diminuée...	Peur ou	« Où va le monde ? Qu'est-ce que l'avenir nous réserve ? » (pour les plus anxieux)	Éviter de s'y confronter : faire comme si de rien n'était.
	Angoisse ou	« C'est foutu ! quoi que l'on fasse, ça ne sert à rien » (pour les plus pessimistes).	Subir passivement : impuissance apprise. Résister passivement : râler dans son coin.

Que vit la population au quotidien ? = SITUATIONS	Que ressent-elle face à ce quotidien ? = ÉMOTIONS	Que peut-elle penser ? = PENSÉES AUTOMATIQUES	Comment la population réagit-elle ? = COMPORTEMENT
	Colère ou Injustice…	« Il faut tout révolutionner ! On doit changer le monde ! » (pour les plus révoltés) « Nous vivons un moment difficile, il existe des solutions aux problèmes que nous vivons ! » (pour les plus confiants)	Résister activement : râler à plusieurs, s'engager dans des actions. Accepter activement : s'engager à modifier ce que chaque individu peut changer à son niveau.

Les pensées vont dépendre de nos émotions et de nos expériences personnelles passées ou présentes. Le contexte économique actuel anxiogène entraîne depuis quelques années des changements dans nos comportements dont le principal trait est de chercher à se protéger et à se rassurer.

➤ *Le besoin de protection*

Comment faisons-nous pour nous rassurer ?

Deux attitudes manifestent ce besoin de protection :

• Épargner de l'argent, pour se garantir une sécurité financière. La faillite des banques effraie la population qui ne peut assurer son avenir sans argent. Or tout le monde ne peut épargner. Ceux dont les revenus ne le permettent pas sont-ils plus insécurisés ? Ceux qui épargnent davantage sont-ils réellement plus sécurisés ?

• Prendre des assurances. De nos jours, il existe des assurances pour tout. Nous prévenons les catastrophes en nous assurant. Prendre une assurance, c'est anticiper les risques, les scénarios catastrophes et avoir les moyens de réparer financièrement lesdites catastrophes. Les avantages ne sont plus à démontrer.

Mais pensons-nous aux inconvénients « masqués » de l'hyperassurance ? L'argent est-il une garantie suffisante pour accepter les catastrophes de la vie ? Assurer la moindre des actions, le moindre achat nous permet-il de mieux supporter les conséquences d'une perte ?

Cette « hyperassurance » ne nous renvoie-t-elle pas une image dangereuse du monde et ne nous conduit-elle pas au final à nous faire du souci insidieusement ?

Robert Ladouceur définit deux grands types de soucis[2] :

• Les soucis de type 1 correspondent aux conséquences possibles d'un problème réel et actuel. Exemple : se faire du souci pour sa mère qui a une maladie grave, s'inquiéter des résultats scolaires faibles de son enfant…

• Les soucis de type 2 se rapportent à un problème qui n'existe pas encore, qui n'est pas réel dans l'instant. Exemple : être préoccupé par la perte de son emploi alors que tout se passe objectivement bien au travail, se faire du souci pour sa santé alors qu'on est en pleine forme…

Je me souviens d'avoir discuté au téléphone avec un commercial en portes blindées qui tentait de me convaincre que l'insécurité rôdait de nos jours et que le meilleur moyen de s'en protéger était de faire poser une porte blindée chez moi et, comme si cela ne suffisait pas, d'assurer la porte blindée contre les tentatives d'effraction. Ce type de discours peut créer chez un interlocuteur influençable un souci de type 2 : « Si jamais on voulait fracturer ma porte… »

Se protéger de toute éventuelle effraction conduit à créer de la peur.

Le souci se manifeste sous la forme de pensées anticipatrices commençant toutes par « Si… ». Celles-ci initient des scénarios catastrophes auxquels le sujet adhère et produisent des réactions émotionnelles et neurovégétatives comme une accélération du rythme cardiaque, sueur, tremblements selon notre *pattern* propre (notre type de réactions programmé).

Ces réactions représentent une alarme qui renforce l'adhésion à nos pensées, elles peuvent conduire à des comportements inadaptés, renforçant ainsi le souci. Le fameux cercle vicieux est en place.

L'homme moderne n'est pas prêt à accepter les risques inhérents à la vie. Il cherche à contrôler les imprévus potentiels. Il ne tolère pas l'idée de perdre ou de vivre une expérience douloureuse. Il croit que l'argent peut tout réparer ou alléger la douleur psychologique.

La question fondamentale quant à l'argent est de savoir si effectivement il allège la douleur morale.

Attardons-nous par exemple sur la personne qui vous est la plus chère au monde. Imaginez qu'elle vienne à mourir. Vous ne pouvez qu'imaginer une once de la souffrance ressentie. Imaginez que le notaire vous apprenne que vous héritez d'une importante somme d'argent. Votre douleur morale est-elle amoindrie par cette rétribution financière ?

La crise financière actuelle est génératrice d'anxiété et renforce la valeur de l'argent.

Plus la peur persiste, plus nous utilisons l'argent pour nous rassurer. Mais l'argent ne rassure pas à long terme. Ceux qui craignent peut-être le plus la crise sont ceux qui peuvent perdre le plus. Nous pouvons nous demander si les personnes qui possèdent moins n'ont pas pris l'habitude de s'adapter aux difficultés financières. Elles ajustent ainsi leur mode de vie à leurs moyens et sont ainsi plus flexibles. Même si cela représente une source de stress qu'ils préféreraient éviter, les infortunés ont la possibilité de se reposer sur d'autres valeurs, comme la confiance en eux ou la solidarité plutôt que sur des valeurs boursières. Si la société actuelle défend des valeurs consuméristes, elle risque de rendre les infortunés inaptes à survivre et à renforcer ceux qui idéalisent l'argent.

Une société inquiète est une société qui contrôle

La façon dont nous percevons l'économie mondiale à travers ce que nous livrent les médias peut inquiéter tout individu. À entendre les hommes politiques, les économistes et autres experts, nous endurons une crise sans pareille qui n'est pas près de se terminer. La population est soucieuse, les dirigeants d'entreprise sont inquiets et les salariés le sont inévitablement puisque tous subissent les conséquences de cette crise.

Que constatons-nous comme changements dans le monde du travail ?

– Plus que jamais ce contexte économique demande une certaine polyvalence, une souplesse encore nommée adaptabilité.
– La concurrence faisant rage, les entreprises à visée commerciale exigent de la performance et des résultats. Les objectifs professionnels sont toujours plus élevés.
– Même les secteurs non commerciaux sont soumis au diktat de l'argent.
– Tous les secteurs de la fonction publique doivent faire des économies.

Dans mon bureau, je reçois beaucoup de patients en situation d'épuisement professionnel. Ce ne sont pas de jeunes diplômés ni des préretraités. Ce sont souvent des quadragénaires ou des quinquagénaires en poste à responsabilité depuis de nombreuses années dans une grande entreprise. Ils ont connu l'avant 2008 et ont été témoins et victimes de changements dans l'organisation du travail et du mode de management.

On constate ainsi :

• Une tendance des grandes entreprises à changer de système d'organisation dès qu'un nouveau dirigeant est en poste. Répondant à l'exigence d'apporter une valeur ajoutée à l'entreprise (justifiant ainsi son salaire), il repense un système qui peut parfois encore fonctionner ! Les équipes ne sont pas toujours ouvertes à ce changement si celui-ci n'est pas signifiant pour elles. Il semble indispensable d'intégrer des préparations au changement.

Éliane travaille dans une grande entreprise qui a changé de dirigeants trois fois en trois ans. Elle me dit : « C'est déstabilisant et surtout insécurisant pour les équipes. Lorsqu'on nous propose chaque fois de changer notre manière de travailler, nous pouvons penser que nous faisions mal et je crois qu'à la longue les équipes perdent confiance en elles. Et puis il faut s'adapter chaque fois à de nouvelles procédures, cela demande du temps que nous n'avons pas toujours ! Je rêverais de garder le même directeur au moins cinq ans ! »

• Les nouvelles procédures sont surtout utilisées pour contrôler ou vérifier la productivité de l'entreprise et du salarié. Dans tous les secteurs d'activité dont l'objectif est financier, la peur a engendré plus de contrôle pour prétendument améliorer les performances.

Catherine est commerciale depuis sept ans. Elle est donc autonome et capable de gérer son emploi du temps. Tout allait bien jusqu'au rachat de sa société. Son manager actuel, probablement motivé et anxieux de remonter le chiffre d'affaires de l'entreprise, lui fixe des objectifs plus élevés que ceux de l'année précédente alors que ces derniers n'ont déjà pas été atteints à cette période. Il l'appelle après chacun de ses rendez-vous pour être informé de la réalisation de la vente ou non. Lorsqu'elle ne répond pas, son manager prend un ton autoritaire et agressif. Elle doit remplir des tableaux quantitatifs après ses visites. Elle se sent « fliquée en permanence, culpabilisée de ne pas avoir réussi une vente ». Elle ne peut s'empêcher de penser qu'on ne lui fait pas confiance.

Le contrôle des ventes est un moyen de se rassurer. Il est malheureusement à double tranchant.

Réfléchissons quelques instants aux avantages et aux inconvénients de ce type de contrôle.

Avantages	Inconvénients
Le directeur sait exactement où il en est économiquement parlant.	Catherine constate pleinement ses « échecs » (renforcement d'une image négative de ses compétences). Remise en question de ses compétences et de son efficacité.
Remise en question des procédures commerciales si elles sont inefficaces.	Catherine se sent surveillée, « fliquée », ce qui la conduit à appréhender le prochain rendez-vous commercial : stress d'anticipation. Et la met sous pression pour le prochain rendez-vous : stress de performance.

Catherine sait très bien qu'elle doit rendre des comptes sur son travail, elle ne s'oppose pas à cela. Seulement, son ancien manager la laissait plus autonome. Il lui demandait ses tableaux de résultats une seule fois par semaine. Ainsi, elle pouvait en cas de « mauvais » rendez-vous se rattraper au cours de sa semaine. Elle avait une marge d'erreur possible qui lui permettait de trouver les moyens de s'adapter. Aujourd'hui, elle sent qu'elle n'a plus droit à l'erreur, et cela produit un stress qui réduit son efficacité au lieu de la renforcer.

De la confiance à la méfiance

Comment le management est-il passé de la confiance à la méfiance ?

Comme des parents anxieux vont chercher à se rassurer en téléphonant à leur enfant pour vérifier qu'il est bien rentré, qu'il a bien fait ses devoirs, les managers modernes vérifient que leurs collaborateurs ont bien travaillé.

Il est reconnu que l'anxiété des parents peut avoir un impact négatif dans la construction de la confiance de leur enfant.

Ramener des adultes à cette position quasi infantile joue sur le rapport de confiance entre manager et salariés et peut entraver la confiance personnelle.

« Vérifier mon travail c'est supposer que je le fais mal et ne pas me faire confiance », me rapportent certains patients.

Jean avait un poste hiérarchique et managérial dans un laboratoire pharmaceutique, il gérait une équipe. Il a fait un *burn-out*[3] reconnu comme accident du travail et fait face à des séquelles traumatiques importantes.

Il raconte : « La hiérarchie exige une transparence quotidienne des résultats, les salariés remplissent des tableaux statistiques des visites. On pointe les "mauvais" salariés qui apparaissent sur une liste rouge diffusée à l'ensemble du groupe. Les managers sont soumis aux mêmes exigences et doivent "reprendre" les mauvais élèves. Le manager est contraint de réagir à l'inverse de sa personnalité. S'il cherche à protéger son équipe, on le lui reproche. »

Au lieu d'améliorer les performances, le contrôle hiérarchique infantilise les salariés qui se sentent souvent jugés sur leurs compétences.

Jean a connu un management reposant sur la confiance hiérarchique et n'est pas arrivé à supporter le nouveau climat de méfiance entretenu dans l'entreprise.

Il existe un facteur participant à la baisse du niveau de confiance et de motivation au sein des entreprises, c'est le manque de renforcement.

Le renforcement correspond à l'augmentation d'un comportement lorsqu'il conduit à des conséquences. Il est le fondement de nos apprentissages, de notre motivation et du plaisir que nous ressentons.

Prenons un exemple. Un enfant apprend à marcher et nous le félicitons chaque fois qu'il fait un pas. Nous renforçons sa réussite. Ainsi, en observant les conséquences de son comportement (nos félicitations), il est plus motivé que jamais pour recommencer et cela participe de son futur exploit. C'est un renforcement positif.

Admettons que nous disputions cet enfant pour qu'il se mette debout et marche. Et que nous stoppions nos cris dès qu'il arrive à marcher. L'enfant va apprendre que marcher fait cesser les cris. C'est un renforcement négatif.

Le renforcement, qu'il soit positif ou négatif, permet une augmentation du comportement souhaité. Il se distingue de la punition qui a pour but l'élimination d'un comportement. Aujourd'hui, il est prouvé que le renforcement positif est nettement plus opérant que le renforcement négatif, car il active davantage le circuit de la récompense et du plaisir dans une zone de notre cerveau.

Il stimule cette zone faisant partie du *medial forebrain bundle* (MFB), dont l'activation mène à la répétition de l'action gratifiante. Ce système cérébral a participé de la survie de l'espèce.

Il n'est pas rare de constater que le monde du travail est de moins en moins associé à la notion de plaisir. Et, lorsqu'il l'est, c'est corrélé à la notion de réussite, à l'obtention d'une promotion…

Le management actuel des grandes entreprises renforce-t-il suffisamment ses collaborateurs et, si oui, le fait-il de façon adaptée ?

On peut certainement avancer que le management qui renforce par les récompenses matérielles engendre une recherche accrue de performance et un risque d'épuisement. Il ne distille pas suffisamment la notion de plaisir à l'accomplissement des tâches, aux relations humaines au travail.

Certaines personnes quittent un emploi qu'elles considèrent intéressant en raison d'un mauvais climat au sein de l'entreprise. L'ambiance de travail est un facteur de la motivation d'une équipe à travailler ensemble. Tout management qui réduit la convivialité et l'échange humain encourt des conséquences dommageables pour la motivation d'une équipe et d'un salarié.

À l'inverse, il n'est pas rare de voir des salariés rester dans une entreprise en difficulté du fait des liens qui existent entre collègues. Le plaisir d'être ensemble prévaut parfois sur la réalisation de soi. Ce plaisir d'être ensemble naît d'une bonne relation de confiance.

Nous avons vu que le contexte économique actuel favorise la peur qui conduit à développer de la méfiance et du contrôle.

Ces comportements ont tendance à renforcer la peur et à amplifier notre perception négative du monde qui nous entoure et de l'avenir. On peut ainsi craindre l'impact de ce système sur les générations suivantes. Qu'apprenons-nous à nos enfants ?

Une enquête de l'Observatoire de la parentalité en entreprise a révélé que 56 % des adolescents interrogés voient le travail de leurs parents comme stressant, fatigant, voire très dur, d'où leur regard assez anxieux sur le monde professionnel en général[4].

L'éducation des futurs Supermen !

Marie a 15 ans, elle est en seconde et vient me voir parce qu'elle ne sait pas « comment s'orienter ». Elle ne connaît pas la filière qui l'intéresse et se donne pour objectif de réussir dans toutes les matières pour s'assurer d'avoir le plus grand choix possible. Son souhait serait d'entrer dans une grande école pour accéder à un métier bien rémunéré.

Les problèmes d'orientation des jeunes sont le reflet d'une société qui a perdu le sens de l'apprentissage et de l'effort. En effet, l'objectif principal de certains adolescents est de gagner de l'argent, si possible rapidement. On retrouve à nouveau une perturbation de la notion de temps. Le chemin à parcourir pour obtenir quelque chose n'est plus reconnu, ces jeunes-là veulent tout, tout de suite.

Mais les désirs des jeunes sont aussi influencés par l'environnement dans lequel ils vivent, les discours qu'ils entendent, les comportements qu'ils imitent.

Nous parlons des enfants rois, mais ne prennent-ils pas modèle sur les adultes rois que nous sommes ? Qu'apprenons-nous à nos enfants ?

➤ *Les notes à l'école*

Dès leur plus jeune âge, nous éduquons nos enfants à la performance. L'école est le sentier d'une attente de résultats. Cela commence à la maternelle où ils sont parfois quantifiés sous forme de vignettes de couleurs et se poursuit au cours préparatoire où les notes chiffrées font leur apparition.

Un cahier d'évaluation CP a été proposé pour fournir un profil de la classe (permettant aux maîtres d'ajuster leur enseignement) et identifier les élèves ayant besoin d'aide. Les avantages sont censés être nombreux, puisque l'objectif est d'apporter une aide personnalisée aux enfants en difficulté. L'évaluation peut être utile pour situer l'enfant dans son apprentissage, mais on peut sans doute s'interroger sur le moyen utilisé : la note.

La note repose sur une pédagogie de la récompense : on attribue des points à la réussite, en distribuant des gommettes, des bons points ou des images pour récompenser et motiver.

Ce modèle pédagogique existe depuis longtemps. Dès le XVIe siècle, les écoles jésuites distribuaient des prix sous forme de médailles aux plus méritants. Sont ensuite apparus les premiers bulletins d'évaluation où les élèves étaient classés selon leur rang et jugés sur leur caractère, leurs mœurs et la religion. Voici par exemple le bulletin obtenu en 1780 par un interne du Collège royal de Cahors[5] :

Bulletin obtenu en 1780 par un interne du Collège royal de Cahors

Mœurs et religion : excellentes
Caractère : excellent, trop timide
Place sur 52 écoliers (novembre, décembre, janvier) :
Thème : 27e, 39e, 35e, 26e
Version : 13e, 30e, 14e
Vers : 44e, 26e

Alors qu'au Moyen Âge la sélection sociale s'opérait en amont, seuls les bourgeois entraient à l'école, dès le XIXe siècle, l'augmentation de la demande de scolarisation nécessite une organisation.

L'industrialisation va influencer l'éducation et la formation pour répondre à une demande accrue de main-d'œuvre. « Optimisation des ressources éducatives, encadrement des masses et sélection des élites : tels sont trois des principaux facteurs qui vont influencer durablement les pratiques d'évaluation[6]. »

L'école républicaine ne remettra pas en question un système qui permet une sélection de masse : les bons élèves restent, les autres quittent l'école en se disant qu'ils ne sont pas faits pour elle…

L'école a finalement toujours contribué à élaborer un système élitiste qui renforce les plus méritants, tandis que les cancres seront punis de leurs mauvais résultats.

De nos jours, les élèves de classe maternelle ont un livret scolaire et sont évalués sur les compétences acquises, non acquises ou en cours d'acquisition. On semble accepter une marge de progression liée à la maturité intellectuelle et affective relative à chacun des enfants. L'école s'adapte plus ou moins au développement des singularités de chaque élève.

Mais, dès 6 ans, la donne est inversée, il est demandé aux enfants de s'adapter au système éducatif. L'Éducation nationale a mis en place une évaluation chiffrée en cours préparatoire et certains établissements la recommandent à partir de la troisième semaine de septembre.

Quel est l'impact d'une évaluation chiffrée dans la scolarité ?

Laisse-t-on aux enfants le temps de s'adapter aux nouveaux apprentissages ?

Quel est l'impact d'une note sur l'enfant, sur la perception de ses compétences et sur le sens perçu de l'apprentissage ?

Les enfants apprennent-ils pour le plaisir d'apprendre, pour grandir ou bien pour avoir une bonne note ?

Quelles peuvent être les conséquences des notes sur la relation triangulaire entre enseignants, élèves et parents ?

➤ *Les effets des notes sur nos enfants*

Un sondage[7] réalisé auprès d'élèves de primaire par Trajectoires-Reflex, un cabinet d'études des politiques publiques, indique qu'« à l'école 43 % des élèves ont souvent mal au ventre avant d'aller en classe, 24 % ont le sentiment que le maître les dévalorise et les sanctionne, 31 % pensent qu'il ne s'intéresse pas à eux, un enfant sur deux pense qu'il ne va pas arriver à faire ce que le maître lui demande et craint de montrer ses notes à ses parents » (cité par Eunice Mangano, une des responsables de l'Afev, Association de la fondation étudiante pour la ville).

Des chiffres qui font écho aux résultats des enquêtes de l'OCDE sur le bonheur à l'école. La France est au 22e rang sur 25. Les élèves français souffrent de stress, ont entre autres peurs, la crainte de mal répondre à une question, ont parfois peur de leur instituteur. Pour tous ces élèves, le stigmate de l'échec, c'est la mauvaise note.

Selon le sociologue de l'éducation Pierre Merle, « les études de psychologie scolaire montrent bien comment les évaluations négatives font naître un sentiment fort d'incompétence. La personne finit par penser qu'elle est nulle ».

Par conséquent, les notes positives renforceraient positivement les élèves et les notes négatives les puniraient. Il apparaît que la première situation n'est *a priori* pas un problème. Et pourtant… je reçois personnellement autant d'élèves présentant de bons résultats que d'élèves en difficultés scolaires qui consultent pour la même raison : le stress de performance.

➤ *Le stress de performance*

On pourrait définir le stress de performance comme la peur de ne pas réussir. Tout le monde connaît cette peur normale au moment d'un examen ou d'un événement exceptionnel qui nécessite de mettre toute son énergie au service de sa réalisation. Si ce stress se généralise au cours de situations moins exceptionnelles et plus régulières, les personnes anticipent l'échec et s'installent alors dans l'anxiété.

Les notes ne créent pas toujours une anxiété de performance mais, incontestablement, elles la renforcent.

Ces jeunes patients brillants que j'ai reçus ont peur de voir baisser leurs résultats et ceux qui sont en difficulté ont peur d'avoir de mauvais résultats.

Être le premier de la classe peut créer une pression très forte pour un élève qui ne se laissera pas le droit à l'erreur. Son objectif sera de maintenir son niveau, d'avoir la meilleure note alors qu'il est censé découvrir le plaisir de la connaissance.

Astrid est une jeune fille de 14 ans, orientée en consultation par l'infirmière de son collège. Elle a d'excellents résultats scolaires, a même tendance à en faire plus qu'on ne lui en demande mais sourit rarement. Elle est isolée du reste de la classe, car elle rentre directement chez elle après la fin des cours pour travailler. Au départ, travailler lui permet d'éviter l'angoisse de l'échec. Mais cette angoisse est devenue envahissante, au point qu'elle n'est plus rassurée par le travail qu'elle abat, ni même par les notes brillantes qu'elle accumule. Elle angoisse désormais de voir sa moyenne baisser, ce qu'elle qualifierait d'échec. Ses notes sont devenues le seul moyen d'évaluer sa valeur personnelle et de se sentir aimée des adultes.

Même si ses parents peuvent lui signifier qu'ils n'en attendent pas autant d'elle et qu'ils l'aiment pour ce qu'elle est, Astrid les voit rentrer tard le soir, le travail occupant une place très importante dans leur vie. Elle s'identifie à cet exemple de réussite. La réussite n'est pas une mauvaise chose en soi, tant qu'elle ne génère pas une souffrance significative.

➤ *Les notes et l'estime de soi*

Lorsque l'élève croit que la note définit sa valeur personnelle, son estime en est affectée. Astrid a perdu confiance en elle en attribuant sa confiance uniquement au travail qu'elle accomplissait. La note est le résultat du travail, mais pas de sa réalisation personnelle.

Si l'enfant a de mauvais résultats alors qu'il a travaillé, il interprétera très souvent cela par le fait qu'« il est nul ». La valeur de la note affecte aussi l'image qu'il a de lui-même et ses croyances personnelles. Nous avons vu, au cours de ces chapitres, combien les pensées pouvaient influencer nos actes. L'enfant qui se sent nul ne donnera pas la même énergie à travailler, à dépasser un échec. Il se démotivera plus rapidement, obtiendra les mauvais résultats qu'il anticipait et renforcera sa croyance sur lui-même.

En outre, les notes peuvent stigmatiser les élèves : en fonction de leur personnalité, de l'âge et de la dynamique de groupe dans la classe, certains élèves brillants peuvent être rabroués par leurs camarades, et ceux en situation d'échec moqués. À l'inverse, on peut constater aussi des classes où les élèves ayant des facilités sont mis en avant.

Insidieusement, ce système peut entretenir un climat de comparaison qui nuit gravement au développement de la confiance en soi des enfants.

Un petit garçon en classe de CP me disait l'autre jour : « Je fais la course avec Paul pour les notes et les images. Il a toujours les meilleures notes. J'aimerais bien le battre des fois. » Ses parents ne lui ont jamais demandé d'avoir la meilleure note, ni fait de remarques sur des notes plus basses. Sa maîtresse m'a expliqué qu'il se plaignait de maux de ventre régulièrement en classe.

Les notes amènent naturellement les enfants à se comparer et se juger ou juger leurs camarades sur leurs résultats.

Une amie, ancienne « tête de classe », m'expliquait un jour qu'enfant elle avait vécu des situations embarrassantes vis-à-vis des autres élèves lorsque les enseignants ne lui appliquaient pas la même punition qu'aux autres quand elle avait oublié de faire signer un devoir, par exemple. Ayant obtenu une très bonne note au devoir, on la croyait sur parole, elle n'était pas sanctionnée pour son oubli.

Ce système crée des inégalités injustes, car tous les enfants ne peuvent s'adapter au même rythme scolaire. Cela dépend de nombreux facteurs : la maturation intellectuelle et affective, l'environnement familial et social, les événements de vie...

Ce fonctionnement apprend aux élèves futurs adultes des valeurs de défi, de compétition et de lutte. Est-ce un message salutaire pour les futures générations au sein d'une société qui valorise déjà la compétitivité dans les domaines économiques, financiers ou encore technologiques ?

➤ *Conséquences sur les enseignants*

Une amie, professeur des écoles enseignant en CP, avouait un jour combien elle avait été mal à l'aise de distribuer dans la classe les récompenses à ceux qui avaient le mieux réussi et de ne rien donner aux autres. Qu'a-t-elle pu ressentir dans ce rôle-là ? S'est-elle sentie coupable d'être en position toute-puissante de décider qui est plus méritant que les autres ? Doit-on récompenser la réussite ou bien l'effort de l'enfant dans son apprentissage ?

Lorsque l'enseignant note un élève, il croit noter implicitement sa compétence. Or c'est la capacité de l'élève à restituer scolairement une connaissance acquise qui est notée. Il y a de nombreux enfants qui ne réussissent pas à cet exercice. Ils ont davantage besoin d'expérimenter pour apprendre.

Le professeur est plus heureux de mettre des bonnes notes qui montrent qu'il a suffisamment bien transmis son savoir.

Un enseignant qui fait le constat que l'intégration d'une notion n'est pas acquise (mauvaise note) peut :

- soit se remettre en question sur sa pédagogie (il se sent responsable du mauvais résultat). Le risque est alors qu'il se dévalorise et perde confiance en lui ;
- soit remettre en question le travail de l'élève (le rendant ainsi responsable). Le risque serait qu'il accuse l'élève et lui fasse des reproches ;
- soit mettre en question les responsabilités de l'élève et les siennes conjointement. Il n'y a pas de risques à ce positionnement qui va amener l'enseignant à dialoguer avec l'élève pour comprendre ce qui se passe objectivement.

La façon dont les enseignants vont penser la situation et réagir va dépendre pour beaucoup de leurs schémas cognitifs (perception de soi déterminée par les expériences passées). De nombreux professeurs viennent en thérapie, car ils souffrent de prendre trop de responsabilités face à leurs élèves : ils se sentent coupables de ne pas arriver à transmettre leur savoir, stressent et dépriment.

Un récent sondage réalisé par le syndicat enseignant SE-UNSA auprès de 5 000 professeurs (dont 80 % âgés de moins de 35 ans) a révélé que 45,7 % d'entre eux aimeraient changer de carrière. Et, dernièrement, le *Journal international de médecine* notait : « De fait, de nombreux signaux semblent marquer une claire souffrance chez les professeurs de l'Éducation nationale. Ainsi, dans le dernier bilan très récemment publié du réseau national de vigilance et de prévention des pathologies professionnelles, l'Agence nationale de l'évaluation et de l'éducation en santé observe : "Une surnotification des troubles mentaux par rapport aux autres pathologies apparaît dans les analyses brutes et ajustées dans les secteurs suivants : activités financières, [...] et éducation[8]." »

Il y a de nombreuses raisons au malaise enseignant que je ne détaillerai pas. L'objet d'une thérapie n'est pas de changer le monde dans lequel vivent les enseignants mais de les aider à modifier leur rapport à leur travail.

➤ *Les motivations profondes du choix d'un métier*

Revenons aux origines de la motivation à faire ce métier. On ne choisit pas d'enseigner, de transmettre à des enfants par hasard.

On peut tenter de répondre à plusieurs questions :

– Qu'est-ce qu'il y a de si important pour moi quand j'enseigne ?

– Qu'est-ce qui dans mon histoire explique ce choix ?

– Que m'apporte ce métier dans ma vie ?

– Si je ne faisais pas ce métier, qu'aurais-je pu faire d'autre ? Y a-t-il un point commun avec le métier d'enseignant ?

– Quel besoin est-ce que je satisfais à travers ce métier ?

J'ai rencontré des enseignants dont les besoins pouvaient être :

– rester dans un milieu rassurant, connu depuis le plus jeune âge, l'école ;
– obtenir une reconnaissance personnelle, familiale et sociale ;
– transmettre des connaissances ;
– soutenir, apporter aux autres ;
– etc.

Nous pouvons appliquer ce questionnement à l'ensemble des choix professionnels.

Le dernier profil que je qualifierais de « sauveur » et que l'on retrouve aussi chez les médecins, les psychologues ou les psychiatres, les assistantes sociales, et bien d'autres, est un profil particulièrement à risque ! Lorsqu'il est dichotomique (en tout ou rien), il impose une lourde responsabilité aux professionnels : « Je suis entièrement responsable de la réussite des élèves, de la guérison d'un patient… » De fait, prenant trop de responsabilités, l'enseignant ou le thérapeute ressentent une forte culpabilité en cas d'échec.

Pour prendre du recul, les professionnels peuvent s'interroger :

– Quelle est ma part de responsabilité dans telle situation ?
– Quels sont les autres responsables de la situation ?
– Quantifier le pourcentage de responsabilité de chacun et les mettre sous forme de camembert.

Voici le camembert dessiné par Chantal, professeur de mathématiques, relatif à sa responsabilité face aux mauvais résultats et à l'attitude attentiste d'un élève.

Ce qui est frappant, c'est la majoration de son niveau de responsabilité dans cette situation.

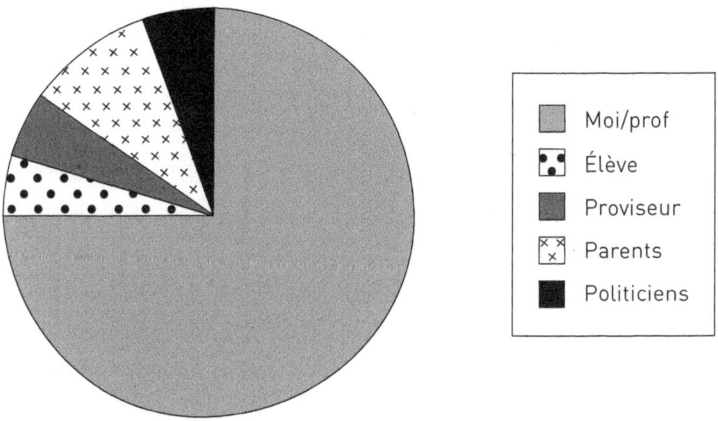

Après un questionnement et avoir dialogué, l'enseignante a pu équilibrer sa responsabilité face à cette situation.

La note chiffrée peut mettre en porte-à-faux l'alliance indispensable qu'un enseignant cherche à établir avec ses élèves. L'élève qui a de mauvaises notes déçoit et peut démotiver l'enseignant qui n'est pas renforcé positivement dans son travail.

La relation collaborative est affectée. La distance risque de s'installer et le dialogue manquer.

La relation qu'un enseignant peut établir avec un enfant va déterminer en grande partie la motivation et l'engagement à travailler de l'élève mais cela est probablement aussi valable pour l'enseignant.

Les notes chiffrées peuvent affecter la relation :

– de l'enseignant à l'élève ;

– de l'élève à ses parents ;
– de l'enseignant aux parents de l'élève.

Pour conclure, il est probable que les enseignants ne trouvent pas leur compte et le sens de leur métier quand ils doivent évaluer l'élève à l'aide d'une note chiffrée.

Il est à souhaiter que le système d'évaluation soit repensé pour éviter la sélection et la discrimination par les notes. Cela favoriserait aussi la relation enseignants-élèves. Ils pourraient travailler ensemble vers un même objectif : l'éducation, en donnant les soins nécessaires à la formation (acquisition des connaissances) et à l'épanouissement de la personnalité de l'élève.

Une classe sans notes serait un espace où l'enseignant retrouverait son rôle de pédagogue sans juger à partir d'une norme chiffrée.

Il accepterait authentiquement (sans le prendre pour lui ni le reprocher à l'enfant) que certains enfants mettent plus de temps à assimiler une notion, il pourrait demander à ceux qui ont compris avant les autres de leur expliquer à leur manière. La notion d'entraide et de solidarité pourrait détrôner la rivalité et la compétition.

De nombreux enseignants tendent vers cette notion d'écoute et d'égalité au sein de leur classe, mais ils sont freinés par un système quantitatif qui reste en parfaite contradiction avec le développement harmonieux des enfants.

Quant aux motivations profondes du choix d'un métier pour les jeunes, je crois qu'il est fondamental qu'ils se basent sur ce qui les motive le plus plutôt que sur un raisonnement trop rationnel. On augmente ses chances de réussir lorsqu'on est motivé, dans la mesure où on fournit les efforts nécessaires à l'action.

CHAPITRE 8

Contrôler son avenir

Nous avons vu que l'homme moderne pouvait avoir peur lorsqu'il n'avait pas le temps de s'adapter aux changements continus de son environnement. Pour avoir moins peur, il contrôle davantage, cela l'aide à croire qu'il est hors de danger.

Cependant, la peur la plus fondamentale de l'être humain, celle qu'il semble normal de craindre, qui nous fait froid dans le dos lorsque nous l'imaginons pour nous ou ceux que nous aimons, est la peur de la mort, inhérente à la vie. Même les patients avec des idées suicidaires ont peur de passer à l'acte et, parfois, cette peur peut heureusement les protéger.

Nous avons tendance à nier la mort, à oublier les rituels permettant de l'accepter. Nous refusons de vieillir et souhaitons prolonger notre jeunesse aussi longtemps que possible. Les personnes âgées ne sont d'ailleurs plus autant incluses dans la vie sociale, elles sont le dernier rempart devant notre propre mort, mais la société préfère les ignorer.

Notre monde moderne offre mille et une façons de penser qu'il est en notre pouvoir de contrôler aussi la mort !

Manger bio pour mourir vieux !

Vaste débat que celui de l'agriculture et la nourriture biologiques ! Il serait déplacé de critiquer une façon plus écologique et saine de s'alimenter.

Une étude réalisée en 2010[1] par deux chercheurs de l'Institut national de la recherche agronomique (Inra) qui portait sur l'examen d'une centaine d'articles scientifiques publiés depuis 2003 a conclu qu'il y avait une absence de différence significative sur la santé entre une population nourrie de produits bio et celle s'alimentant de produits ordinaires. À quoi cela sert-il alors de manger bio ?

Jeanne a 52 ans et deux filles qui sont la prunelle de ses yeux. Elle a peur pour elles chaque jour : peur qu'il leur arrive quelque chose de grave, qu'elles rencontrent un pédophile, qu'elles soient mauvaises élèves... globalement, qu'elles soient malheureuses dans leur vie. De ce fait, elle a peur aussi pour sa propre santé puisqu'elle ne voudrait pas que ses filles souffrent de l'absence de leur mère. Ainsi, elle redoute d'avoir un cancer et croit à son apparition à chaque nouvelle douleur ou moment de faiblesse. Il n'y a pas un jour où elle ne pense pas avoir un cancer. Lorsque je lui demande ce que sa peur l'oblige à faire, elle me répond ceci : « Je vérifie très souvent mon état de santé en demandant à mon médecin un bilan sanguin. Si j'ai l'impression d'avoir une boule au sein, je peux me palper tous les jours et rapidement prendre un rendez-vous chez ma gynécologue pour qu'elle me rassure. Dans mon quotidien, j'ai acheté un tensiomètre et vérifie ma tension une fois par semaine. Je me nourris de façon équilibrée et saine en n'achetant que des produits bio. J'ai le sentiment de protéger mon corps, de le sentir plus en forme. J'avoue qu'il m'est difficile de manger chez des amis qui n'achètent pas bio. Je le fais quand même, mais je mange moins ! »

Après discussion avec Jeanne, je comprends qu'elle ne perçoit pas son comportement comme excessif. Elle considère normale sa peur de la nourriture ordinaire qui est selon elle responsable de beaucoup de cancers de nos jours. Cette croyance est forte et permet de trouver un responsable au fléau du cancer. Le remède pour Jeanne est l'alimentation biologique : moyen de prévention naturel du plus grand mal du siècle. Les croyances de Jeanne sont extrêmes, en tout ou rien. Il ne s'agit pas de penser que l'on peut manger n'importe quoi sans craindre pour sa santé, mais pour autant manger bio ne protège pas de toutes les maladies. Une fois de plus, il s'agit de trouver un positionnement plus consensuel qui produira des comportements plus mesurés.

Le cancer nous confronte à la mort, et manger bio nous rassure, en nous conduisant à penser que nous contrôlons cette échéance.

Et si nous choisissons de consommer bio pour des raisons écologiques, pour préserver notre environnement ? Ce serait alors un moyen d'agir pour prolonger l'espérance de vie des générations futures, et pas seulement la nôtre.

Si l'on en croit plusieurs études, l'impact environnemental de ce mode de production est globalement meilleur, mais… contrasté. Bernard Le Buanec note, en mai 2010, dans les conclusions d'un groupe de travail de l'Académie d'agriculture, que « l'agriculture bio permet de réduire les teneurs en nitrates et pesticides des eaux de surface et souterraines ». De même, la qualité physique et biologique des sols est améliorée, mais cette pratique peut à la longue « induire un appauvrissement en certains éléments minéraux, qui deviennent alors limitants pour la production ».

L'éparpillement des parcelles cultivées bio et leur contact avec les produits chimiques des parcelles avoisinantes limitent quelque peu les effets positifs de l'agriculture biologique. Mais il existe un espoir rationnel si les agronomes trouvent des solutions d'aménagement des parcelles tout en préservant la biodiversité et l'équilibre naturel nécessaire à la culture.

Manger bio offre le moyen d'agir concrètement pour l'avenir de l'environnement même si cela ne nous protège peut-être pas réellement de la maladie ni fatalement de la mort. Il y a certainement un équilibre à trouver entre le bio et l'ordinaire pour que nous ne dépendions pas d'un comportement alimentaire et, plus globalement, pour éviter de stigmatiser les autres formes d'agriculture qui avaient bien rempli leurs objectifs jusque-là.

Rester jeune pour éviter d'être vieux ?

> « La vieillesse est le temps où les faux-semblants disparaissent. Nous sommes confrontés à ce que la société d'aujourd'hui a toujours voulu masquer : notre fragilité ontologique. La vieillesse nous impose l'épreuve de la non-maîtrise. »
>
> Bertrand QUENTIN[2].

Ces propos de Bertrand Quentin, philosophe et enseignant en éthique biomédicale reflètent parfaitement notre volonté de nier la mort et notre difficulté à tolérer notre impuissance.

L'homme moderne est face à un paradoxe : il fait tout pour mourir le plus tard possible (cela suppose qu'il vieillisse de plus en plus), mais il cultive un jeunisme qui dénie ce vieillissement. Comment le monde moderne nous conditionne-t-il à vouloir rester jeune ?

La chirurgie esthétique, pour ne citer qu'elle, est un facteur qui conditionne la croyance que la jeunesse rime avec le bonheur tandis que la vieillesse serait associée au malheur.

Il se tient chaque année un congrès mondial de médecine antiâge consacré à l'esthétique et à la lutte contre le vieillissement dont les enjeux sont d'ordre préventif et curatif. Parler du traitement du vieillissement me surprend toujours un peu puisqu'il amène à considérer le vieillissement comme une maladie.

Aujourd'hui on note une croissance mondiale de 10 % du marché de l'esthétisme médical et chirurgical. Lifting, Botox, acide hyaluronique, tous les moyens sont bons pour gommer les rides, la manifestation visuelle la plus superficielle de notre vieillissement. Un médecin déclare sur son site Internet que la médecine esthétique jouait un rôle fondamental de prévention face au vieillissement démographique. Que voulons-nous prévenir au juste ? Contre quoi souhaitons-nous lutter ?

La chirurgie antiâge peut être comprise comme un évitement émotionnel dans le sens où elle permet de ne pas ressentir la peur, l'angoisse ou la tristesse liées au vieillissement (et à la mort) et abolit le temps qui passe. L'image physique restant la même, nous gardons l'illusion de la jeunesse. L'humain est ainsi capable de contrôler le temps. Il nie le changement et vit dans la permanence. Il est certain que cela est plus confortable que de ressentir ces émotions désagréables de tristesse, d'angoisse ou de peur.

Mais la chirurgie empêche-t-elle vraiment ces sensations ou ne les remet-elle pas à plus tard ? Remettre à plus tard ces émotions pourrait être fonctionnel, après tout. « Plus tard nous le ressentirons, au mieux nous vivons », pourrions-nous penser.

Mon expérience auprès des personnes âgées m'incite à penser le contraire : éviter nos émotions au moment présent pourrait augmenter leur intensité et leur fréquence plus tard.

Je me souviens de Rachel, 82 ans, que je voyais une fois par semaine dans un centre de soins de suite et de rééducation. Elle devait se remettre d'une chute, responsable d'une fracture de hanche. Elle était extrêmement déprimée et ressassait un souvenir de jeunesse inlassablement : c'était un jour de juin 1942 dans le train l'amenant à Chambéry. Le train fut arrêté en milieu de parcours par les Allemands pour un contrôle d'identité. Deux files sont alors formées, celle des hommes et celle des femmes. Les juifs étaient embarqués dans un camion, tandis que les autres remontaient dans le train. Rachel attendait patiemment son tour, le cœur serré, sachant quel sort lui était réservé. Alors que c'est à son tour de délivrer son identité et qu'elle s'apprête à donner ses papiers, le garde est interpellé par un de ses collègues. Ils discutent quelques minutes en allemand. Les plus longues de la vie de Rachel. Puis le garde se retourne et lui crie : « Dans le train, j'ai dit », en tendant son index en direction du train. Rachel

s'exécute. Elle est sauvée. L'erreur de ce garde (l'ayant prise pour la femme qui la précédait) et cet ordre la sauvent, mais la rendent orpheline de sa famille.
Malgré cette souffrance, elle avance dans la vie qu'elle engloutit par une hyperactivité débordante. Jamais malade, toujours dynamique, elle fait beaucoup de sport et se montre socialement comme une femme forte qui ne se laisse pas abattre. Elle ne veut pas vieillir et pratique assez régulièrement des actes de petite chirurgie esthétique dès l'âge de 55 ans.
Le jour de cette chute à 82 ans, Rachel est rattrapée par la réalité : elle a vieilli et son corps est plus fragile. Elle est tombée, me dit que « sa vie a basculé ce jour-là, que plus rien ne sera comme avant ». Alors qu'elle me relate semaine après semaine le souvenir d'avoir été sauvée, elle finit par faire resurgir sa culpabilité de survivante : « Je n'aurai pas dû vivre, ce jour-là aurait dû être ma fin. » La dépression profonde qu'a vécue Rachel à 82 ans peut être considérée comme la résurgence de la culpabilité qu'elle a sans cesse évitée.

Si une émotion se ressent, se manifeste ici et maintenant, c'est que notre cerveau nous alerte de quelque chose et nous permet une adaptation au changement. Ne pas prendre en compte ces signaux conduit à nous mettre en danger.

Mon ami Lexomil ou l'annihilation des émotions… désagréables

L'Afssaps[3] a publié dans son dernier rapport d'expertise en janvier 2012 sur l'état des lieux de la consommation des benzodiazépines (une classe d'anxiolytiques et hypnotiques très prescrite) en France les chiffres suivants :

– 134 millions de boîtes vendues en 2010 dont 50,2 % d'anxiolytiques et 37,6 % d'hypnotiques ;
– 183 millions d'euros de chiffre d'affaires en 2010, soit 0,7 % du montant total des ventes de médicaments en France ;
– en 2010, 20 % de la population française a consommé au moins une fois une benzodiazépine ou apparentée ;
– le temps de traitement médian est de sept mois pour une benzodiazépine anxiolytique et hypnotique ou apparentée ;
– environ la moitié des sujets traités par une benzodiazépine anxiolytique et hypnotique le sont plus de deux ans (avec ou sans interruption de traitement) ;
– environ la moitié des patients sous benzodiazépine hypnotique (ou apparentée) ou anxiolytique ne bénéficient que d'une seule délivrance/prescription, c'est-à-dire qu'ils ne font pas l'objet d'un suivi médical rapproché.

Les Français sont avides de solutions immédiates pour soulager leurs souffrances, ce qui peut sembler logique lorsque l'on souffre moralement. Néanmoins, cette classe de médicaments a des effets indésirables notoires que le rapport d'expertise souligne :

« L'usage des benzodiazépines peut entraîner :
– une amnésie antérograde (perte de la mémoire des faits récents), qui peut survenir aux doses thérapeutiques. Le risque augmente proportionnellement à la dose ;
– une altération des fonctions psychomotrices pouvant survenir dans les heures suivant la prise ;
– un syndrome associant, à des degrés divers, des troubles du comportement et de la mémoire et une altération de l'état de conscience. Peuvent être ainsi observés les effets suivants : aggravation de l'insomnie, cauchemars, agitation,

nervosité, idées délirantes, hallucinations, état confuso-onirique, symptômes de type psychotique, désinhibition avec impulsivité, euphorie, irritabilité, amnésie antérograde et suggestibilité ;

– une tolérance caractérisée par une diminution progressive de l'effet thérapeutique pour une même dose administrée pendant plusieurs semaines. La tolérance peut conduire à une augmentation des doses pour obtenir l'effet recherché ;

– une dépendance : tout traitement par les benzodiazépines et apparentées, et plus particulièrement en cas d'utilisation prolongée, peut entraîner un état de pharmacodépendance physique et psychique. »

Les anxiolytiques (sous forme de benzodiazépine ou autres) agissent sur les récepteurs GABA dans notre cerveau. Ces neurotransmetteurs inhibent et contrôlent l'hyperactivité neuronale associée à l'anxiété. Ils ont une action sédative qui diminue les troubles physiologiques et psychologiques liés au stress et à l'anxiété. Ces médicaments permettent de moins ressentir les sensations émotionnelles ainsi que leurs manifestations cognitives (les pensées anxieuses, ruminations). Soulagés de ne plus éprouver d'émotions douloureuses, les utilisateurs renforcent leur consommation et perdent confiance en leur capacité à faire face à leurs émotions.

Gabrielle est une patiente d'une cinquantaine d'années qui travaille beaucoup pour atteindre un idéal très exigeant. Elle se sent épuisée et anxieuse depuis plusieurs mois avant de consulter son médecin généraliste qui lui administre un traitement anxiolytique et me l'adresse pour une thérapie. La première fois qu'elle vient

me voir, elle est parfaitement claire : « Je ne veux plus rien ressentir de négatif ! Je voudrais que les situations difficiles glissent sur moi et que je me montre forte en toutes circonstances. La thérapie doit me rendre plus forte, infaillible. »
Gabrielle a trop éprouvé d'émotions désagréables. Le traitement anxiolytique qu'elle prend ne suffit plus à inhiber ses ressentis et lui renvoie l'idée qu'elle n'est pas assez forte pour surmonter seule ses émotions.

Nous observons actuellement une dichotomie dans le rapport aux émotions : les hommes ne veulent vivre que des émotions agréables et mettre au placard les émotions désagréables.

S'il faut savoir accepter ses émotions, il faut reconnaître que des réactions émotionnelles fortes entravent l'équilibre du sujet. Il apparaît indispensable dans certaines circonstances d'aider par la chimie des personnes qui ne trouvent pas les moyens de faire face à leurs émotions.

Il semble utile qu'elles puissent faire baisser leur niveau émotionnel par un traitement ponctuel qui permet de reprendre confiance en elles avec le soutien d'une psychothérapie plutôt que laisser l'angoisse les envahir. Laisser s'installer l'angoisse ancre l'expérience dans la mémoire et la conditionne. Il est indispensable d'établir un dialogue avec le médecin traitant ou le psychiatre pour discuter des avantages et des inconvénients à prendre un traitement médicamenteux.

Il est important de connaître le traitement administré, d'oser poser des questions à son médecin. Il est indispensable d'éviter l'automédication. Cela nécessite d'être dans une démarche active et consciente vis-à-vis de son traitement et d'accepter de se remettre en question avec l'aide et le soutien d'un professionnel de la psychologie.

Nous ne sommes pas égaux sur les plans physiologiques, génétiques, psychologiques. Il n'y a pas de solution identique valable pour tous. En tant que psychothérapeute, je suis quotidiennement amenée à adapter les moyens dont je dispose à la singularité de la personne que je rencontre.

➤ *Qu'est-ce que les émotions ?*
À quoi servent-elles ?

> « Les émotions constituent le seul moyen naturel pour le cerveau et l'esprit d'évaluer l'environnement à l'intérieur et hors de l'organisme, et de répondre de façon adéquate et adaptée. »
>
> Antonio DAMASIO.

L'émotion est la manifestation d'un changement « mal adapté » dans l'environnement ou chez l'individu.

Bernard Rimé parle de « rupture de continuité dans l'interaction individu-milieu[4] ». Lors d'un changement dans son milieu, l'homme doit déployer les moyens nécessaires pour y répondre. Si c'est une situation qu'il a déjà rencontrée, il a appris à s'y adapter. Si, en revanche, la variation de son milieu est trop importante, il se trouve en rupture et vit un état de crise : il n'a pas les moyens de répondre et cela crée une émotion. L'émotion déployée est censée l'alerter de la variation du milieu mais aussi l'aider à faire face.

L'homme peut aussi vivre des variations internes, liées à ses projets, ses buts et ses motivations. Si les buts recherchés se réalisent sans heurts ni obstacles particuliers, il est en phase avec son milieu. Si, en revanche, une rupture intervient dans son projet, il se retrouve en décalage et l'émotion prend donc le relais.

L'émotion est un état d'éveil physiologique fait de réactions somatiques et autonomes distinctes.

Toute stimulation provoquant une émotion déclenche des réponses du système nerveux autonome (responsable des fonctions automatiques, non contrôlables comme la respiration par exemple).

Ce sont des réponses de nature :

– cardio-vasculaire ;
– respiratoire ;
– cutanée (piloréaction, sudation, débit sanguin) ;
– digestive (motilité supérieure ou inférieure).

L'expression faciale est la première expression physiologique relative aux émotions. Celle-ci est universelle : un Japonais peut lire et comprendre les émotions d'un Africain à travers ses expressions faciales.

Les émotions sont innées et directement reliées à des comportements adaptatifs qui facilitent la survie (Darwin). Elles servent à répondre à nos besoins et à nous défendre.

Il existe six émotions primaires selon Paul Ekman[5], psychologue américain considéré comme le pionnier de la compréhension des liens entre émotions et expressions faciales :

– la peur pouvant conduire secondairement à l'anxiété, la terreur, la panique, la timidité ;
– la joie puis secondairement le plaisir, l'euphorie, l'extase, l'amour, la dévotion ;
– la colère puis la rage, la haine, la rancœur ;

– la tristesse puis l'abattement, le chagrin, le désespoir, la mélancolie ;
– la surprise puis l'étonnement ;
– le dégoût, l'aversion, l'écœurement.

En 1998, il ajoute deux émotions à cette liste :
– la honte se déclinant en culpabilité et humiliation ;
– le mépris.

Mais cela peut être plus complexe, car nous pouvons ressentir à la fois dégoût et tristesse. On parle ainsi d'émotions primaires et secondaires.

La reconnaissance de nos émotions est fondamentale pour satisfaire nos besoins et nos désirs. De surcroît, la reconnaissance des émotions des autres est essentielle pour vivre en société, établir des relations avec les autres.

Les émotions désagréables de peur ou de tristesse sont aussi indispensables à notre équilibre que les émotions agréables.

Sauter pour la première fois en parachute génère nécessairement une peur. Étant des mammifères terrestres, notre cerveau nous alerte d'un danger face au vide afin de nous protéger et garantir notre survie.

Si nous sommes tous naturellement tristes en période de deuil, c'est aussi pour extérioriser des sensations, tolérer progressivement le manque et accepter la perte du lien qui nous unissait au défunt.

Le monde moderne nous conduit à craindre nos émotions désagréables. Quels sont les risques encourus si nous réprouvons nos émotions ?

• En craignant de ressentir une émotion, on augmente ses évitements jusqu'au jour où celle-ci prend le dessus et doit s'extérioriser. Je dis souvent à mes patients que les émotions forment des vagues. Nous éprouvons une tristesse lorsque nous perdons un être cher puis à mesure que le temps passe, notre état physiologique associé à la tristesse se transforme. Si nous faisons tout pour éviter ou refréner cette tristesse (retenir la vague), il y a de grandes chances qu'un tsunami émotionnel nous submerge. Il sera nettement plus difficile de se relever après un tsunami qu'après le passage d'une vague.

- Considérer qu'il y a des bonnes émotions et des mauvaises génère une représentation du monde en tout ou rien.
- Abaisser son seuil de tolérance aux difficultés rend plus vulnérable. Éprouver nos émotions nous renforce et nous rend plus résilients à la vie. La métaphore du roseau illustre cette force : face aux rafales de vent, il plie mais ne rompt pas.

Nous verrons dans la troisième partie de ce livre (p. 147) de quelle façon nous pouvons apprivoiser nos émotions pour éviter cette dichotomie entre des émotions que l'on qualifie trop souvent de négatives et des émotions dites positives.

Être heureux envers et contre tout

Dans son ouvrage *Être heureux, ce n'est pas nécessairement confortable*[6], Thomas d'Ansembourg souligne qu'il y a certaines injonctions contemporaines qui exigent que l'on sache positiver : « Il faut être heureux, il faut positiver. » Ces injonctions ont un caractère moraliste qui peut culpabiliser ceux qui n'auraient pas cette capacité à accéder au bonheur. Il y a ceux qui sauraient faire, touchés par la grâce, et les ignorants du bonheur !

Je définirais le bonheur comme une sensation ponctuelle et agréable dans une situation donnée où mes émotions, mes pensées et mes actions sont en parfaite harmonie. Nous pouvons effectivement cultiver le bonheur, dans le sens où nous pouvons agir en direction de ce qui va nous permettre de ressentir ces sensations agréables pour espérer le voir apparaître quand nous ne l'attendons pas. Il n'est pas question ici de rechercher le bonheur comme un but en soi mais de savoir être attentif, profiter et cultiver ces instants furtifs où il apparaît.

Il ne s'agit pas pour autant de chercher à nouveau à le contrôler. Les mêmes recettes du bonheur ne peuvent probablement pas s'appliquer à tout le monde. Le philosophe Vincent Cespedes[7] parle de « bonheurisme » qu'il considère comme une version consumériste et égoïste du bonheur. Selon lui, le devoir et l'injonction au bonheur représenteraient un obstacle majeur pour être heureux. Le courant de psychologie positive porte son attention aux processus psychologiques qui sous-tendent le bonheur à partir de recherches empiriquement validées. Ces recherches identifient les ingrédients du bonheur, mais ils ne doivent pas être considérés comme des ingrédients incontournables et valables pour tous. Ce serait nier la multiplicité et la singularité humaine.

De nos jours, le vecteur du bonheur médiatiquement banalisé serait la pensée positive. Le secret du bonheur passerait par la réflexion et les pensées. Cela présuppose que nous pouvons contrôler nos pensées. Dans les années 1920, Émile Coué a mis au point un principe de guérison par autosuggestion permettant dans une visée sociale de remonter le moral et la santé physique et psychique des Français après la Grande

Guerre. La méthode Coué donne pour consigne de se répéter à voix haute (pas seulement mentalement) : « Tous les jours, à tous points de vue, je vais de mieux en mieux. » En période de crise, certaines personnes retrouvent un engouement effrayant pour cette méthode qui n'a obtenu aucune validation scientifique. Le livre référence de la pensée positive moderne est intitulé *Le Secret*[8] et repose sur la loi de l'attraction. Cette loi, légitimée par des intellectuels divers (physiciens quantiques, psychologues, philosophes...), prône l'idée que la réalisation d'un désir se produit selon trois étapes : exprimer son souhait (en le visualisant de préférence), attendre la réponse des forces de l'univers (qu'elles donnent comme elles le peuvent) et enfin accepter la réponse de l'univers (quelle qu'elle soit). Tel Aladin, vous pouvez obtenir tout ce que vous désirez. Et si vous n'obtenez rien, plaignez-vous à l'univers de ne pas vous répondre ou prenez-vous-en à vous-même de ne pas savoir exprimer efficacement votre souhait.

Cette loi de l'attraction est l'expression d'un principe populaire et inconsciemment tenace : la croyance en la pensée magique.

Qu'est-ce que la pensée magique ?

C'est croire que ce que je pense va se produire.

Jean Piaget, psychologue suisse ayant théorisé le développement de l'intelligence et de la pensée chez l'enfant, décrit cette phase normale du développement nommée intelligence préopératoire chez les enfants de 2 à 7 ans. La pensée magique y est prédominante. L'enfant croit que tout le monde pense comme lui, le langage est dominé par un égocentrisme intellectuel (sa pensée est unique et vraie). Il ne peut pas concevoir qu'un objet ait une existence différente de la sienne. Il croit par exemple que ses peluches ont aussi une maman, que ce sont ses baskets qui le font courir vite ! Il imagine pouvoir changer le cours des événements en accomplissant un acte concret : faire un vœu en marchant sur le rebord du trottoir. Tout le monde se souvient avoir eu ces petits rituels de comptage ou de croyance magique. Chez les adultes, cela équivaut à : « Si le feu passe au vert quand j'arrive, alors ma réunion se passera bien. »

Si tous les jours vous adoptez un mode de croyance magique, vous avez de grandes chances d'adhérer à la pensée positive.

Quels problèmes posent la pensée positive et la pensée magique ?

- Croire en une illusion : nous n'avons aucune preuve que la pensée est responsable des événements positifs qui nous arrivent.
- Culpabiliser les personnes à qui il arrive des événements négatifs. Si nous croyons que la pensée peut générer du positif, elle peut bien amener du négatif. Je crois que les hommes ne sont pas responsables de tout ce qui leur arrive.
- Croire que nous pouvons contrôler et modifier nos pensées. Nous verrons dans la troisième partie qu'il peut être vain de chercher à modifier ses pensées.
- Entraîner un dogmatisme dangereux et sectaire qui consisterait à vouloir créer des hommes parfaits dénués d'émotions désagréables et à qui tout sourirait : un modèle cybernétique et tout-puissant.

Pour conclure, les pensées optimistes favorisent effectivement des comportements nous conduisant à réaliser de nombreuses choses. Mais il est erroné de penser que la simple expression de pensées positives puisse réaliser tous nos vœux. Il y aurait de nombreux milliardaires sur terre et plus aucune injustice !

La pensée positive pourrait même avoir un impact négatif chez les personnes qui ont une mauvaise image d'elles-mêmes. D'après une étude de Joanne Wood[9], professeur à l'Université de Waterloo (Canada), c'est paradoxalement chez les gens qui en auraient le plus besoin que la pensée positive a un effet négatif.

Selon J. Wood, « les gens qui ont une faible image d'eux-mêmes et répètent ce genre de messages pensent au fond d'eux que ce n'est pas vrai. Ces sentiments prédominent sur les messages positifs[10] ». De plus, cela rend coupables les personnes de ne pas réussir à penser positivement !

Il semblerait donc qu'il faille croire en ses pensées pour motiver de nouveaux comportements. Mais nos comportements et notre volonté ne nous protègent pas d'événements négatifs. Tout ne peut pas être contrôlé par la volonté humaine.

Nous verrons dans la troisième partie (p. 147) comment cohabiter avec nos pensées.

Enfin, l'adhésion populaire à la pensée positive ou à des méthodes rapides et magiques pose la question du manque de transparence de la psychothérapie en France. L'information n'est pas suffisante et de nombreuses personnes ne distinguent pas encore les psychologues, des psychanalystes ou des psychiatres. Le monde psy doit apparaître plus transparent et accessible. Les thérapies actuelles visent à permettre une meilleure connaissance de son fonctionnement pour trouver un équilibre entre ce que l'on peut changer et ce que l'on doit assumer et accepter. Plus nous nous libérerons des idéaux exigeants de notre environnement, plus nous nous sentirons capables de maîtriser le cours de notre vie.

TROISIÈME PARTIE

Comment vivre mieux dans ce monde stressant

Les hommes façonnent le monde qui les entoure, ils sont créateurs de leur environnement. Le contexte actuel les conduit bien malgré eux à subir les effets collatéraux de leurs désirs de performance et de toute-puissance. Cette troisième partie n'apporte, bien entendu, pas de solutions miraculeuses pour changer le monde mais des pistes et quelques moyens utiles pour modifier notre rapport au monde.

Je souhaite qu'elle vous permette, à vous lecteur, de prendre du recul et pourquoi pas de vous proposer des alternatives. Si dans un environnement stressant, nous arrivons à déployer une certaine flexibilité psychologique dans notre façon de penser, de ressentir et de se comporter, alors je crois que nous serons capables d'accéder à davantage d'équilibre.

CHAPITRE 9

Comment rester maître de soi ? Agir sur ses comportements

Nous savons tous plus ou moins comment être plus heureux dans notre vie, nous savons ce que nous devrions faire pour cela. Mon expérience auprès des patients m'a persuadée d'une chose : l'action est un facteur fondamental pour se sentir mieux. C'est par l'expérience et donc la mise en œuvre concrète que nous changeons nos représentations, nos pensées et aussi nos émotions.

Alexia était une patiente d'une trentaine d'années. Elle consultait pour un trouble d'anxiété sociale. Son tempérament et son histoire personnelle l'avaient fortement inhibée. Elle souffrait de ne pas pouvoir s'exprimer sans penser qu'elle n'était pas intéressante. Ainsi, elle évitait tout contact social pour se protéger de sa croyance. Cette difficulté s'est retrouvée dans la thérapie, il a fallu trouver une relation thérapeutique souple et adaptée. C'est après un an de thérapie et l'aide ponctuelle d'un traitement antidépresseur qu'elle a osé s'exprimer davantage et se révéler. Célibataire, elle pensait ne pas plaire. Un jour, elle a décidé de rencontrer un garçon *via* Internet. Une première rencontre en entraînant une autre, elle a appris par ces expériences qu'elle pouvait plaire. C'est aujourd'hui, en vivant avec son petit ami depuis plus d'un an, qu'elle a acquis une nouvelle croyance : elle peut être aimée et intéresser suffisamment celui qu'elle aime. Elle ne prend plus d'antidépresseur, fait des expériences constructives qui l'aident à s'accepter. C'est par l'action qu'elle a amélioré sa qualité de vie.

Rester libre des NTIC

Cela sonne comme une série policière américaine, les NTIC signifient les « nouvelles technologies d'information et de communication ». Ce sont les téléphones portables, les tablettes numériques, les consoles de jeux, ou encore les GPS, les réseaux sociaux… tous ces outils informatiques et de télécommunications ont envahi nos vies.

Ils font partie de notre quotidien et même si nous avons vu qu'ils pouvaient générer une dépendance, nous ne pouvons pas aujourd'hui faire comme s'ils n'existaient pas.

À moins d'être abstinent total, il est possible de trouver un comportement adapté vis-à-vis de ces nouveaux objets de consommation.

L'idée principale est de rester libre de son comportement au lieu de se sentir soumis et esclave de l'objet. Ce n'est pas le comportement qui décide ! Nous pouvons rester maîtres de nos actes en prenant conscience de nos habitudes comportementales, en réfléchissant au sens que nous leur donnons pour décider d'agir en fonction de nos vrais besoins et de nos priorités réelles.

Ainsi, je vous proposerai de petits exercices au cours de ces chapitres, que vous êtes libres d'effectuer ou pas, pour augmenter votre flexibilité comportementale.

Dans un premier temps, vous pouvez commencer par prévoir des soirées, des journées, des week-ends ou (pire !) des vacances sans emporter ces objets si chronophages qu'ils peuvent nous faire oublier ce que représente le repos. Sur un plan cognitif, lire une bande dessinée ou se dorer au soleil consomme beaucoup moins d'attention et d'énergie que de se connecter sur Internet.

Ensuite, si vous vous sentez trop dépendant de vos NTIC, vous pouvez effectuer l'exercice suivant :

• Trouvez un comportement que vous avez tendance à adopter de façon automatique et ritualisée. Exemple : prendre votre tablette numérique ou votre ordinateur portable pour regarder vos mails ou votre page Facebook tous les quarts d'heure !

• Alors que vous prenez en main l'objet technologique de votre choix, dites-vous que vous êtes peut-être en train de répondre à une habitude comportementale (identification du rituel).

• Ensuite, demandez-vous si vous avez besoin ou envie de faire ce que vous allez faire (remise en question du sens de votre comportement).

• Puis, demandez-vous : « De quoi je me prive si je ne le fais pas ? À côté de quoi je peux passer en le faisant ? » (Évaluation des bénéfices/risques du nouveau comportement.)

• Enfin faites votre choix : si vous décidez de répondre à ce rituel, surtout ne vous en empêchez pas, mais faites-le en conscience (prendre une décision consciente).

• Et sinon, vous pouvez aussi choisir d'agir autrement en vous concentrant par exemple sur une action concrète :

préparer le repas ou faire ce que vous ne trouvez jamais le temps de faire !

Cet exercice n'a pas pour but que vous arrêtiez de regarder vos mails ou votre page Facebook, mais simplement d'augmenter votre flexibilité comportementale. Nous pouvons obéir à une habitude ou bien décider de lui désobéir…

Se rassurer, mais pas trop

Nous avons vu que le monde moderne génère des peurs que nous cherchons à réduire en nous rassurant. Néanmoins, trop de réassurance renforce la peur au lieu de la diminuer.

La métaphore du loup dans le placard, vue dans la première partie (p. 38), a montré que les vérifications augmentaient le doute et l'incertitude. Si l'on se réfère à cette situation où les parents doivent répondre à la peur du loup de l'enfant, il convient dans un premier temps d'éviter de vérifier le placard. Si l'adulte ne va pas voir si le loup est dans le placard, l'enfant pense qu'il n'a pas peur, il peut donc se rassurer et se dire qu'il n'y a rien de menaçant.

Dans un deuxième temps, il s'agit de se demander en tant qu'adulte pourquoi nous n'avons pas peur qu'un loup se cache dans notre placard. Parce que les loups vivent dans les forêts et avant qu'ils puissent entrer dans notre placard, ils auront rencontré quelques obstacles ! Essayons en effet de rationaliser avec nos enfants, car leurs capacités intellectuelles sont performantes. Posons-leur les questions : « Tu as déjà vu un loup dans la nature ? Où crois-tu qu'il vit ? Comment ferait-il pour arriver dans ton placard ? »

Pour discuter avec nos enfants de leurs peurs, il est indispensable de tolérer notre peur et la leur. Si l'enfant observe que nous ne sommes pas contaminés par sa peur, nous incarnons un modèle rassurant auquel il peut s'identifier.

Rappelons-nous notre enfance et mettons-nous à la place de nos enfants pour mieux les comprendre, mais ne projetons pas nos peurs sur eux. Ce n'est pas parce que j'ai eu peur dans cette situation que mon enfant aura aussi peur que moi. Nos enfants ne sont pas nos petits clones !

Cet exemple illustre bien l'impact des vérifications. Il s'agit de trouver un juste milieu. Il peut être normal de vérifier une fois si la porte est bien fermée, mais plus nous vérifierons, plus nous risquons de douter. Si nous nous mettons à douter, c'est que nous attribuons notre réassurance à quelque chose d'extérieur à nous. C'est parce que nous avons vérifié que nous sommes rassurés, non parce que nous avons confiance dans le fait d'avoir fermé.

Peur → Vérifications → Doutes → Perte de confiance

Exercice pour ne pas entrer dans la spirale des vérifications

Lorsque nous devons accomplir une action importante : fermer la maison, la voiture, éteindre les appareils électriques... être attentif à ce que nous sommes en train de faire et surtout ne faire qu'une seule chose à la fois.
Si un doute apparaît :

- formulez dans votre tête que vous avez ce doute et que vous allez vérifier une seule fois de façon attentive et consciente ;
- en vérifiant, dites-vous : « J'ai vérifié et la porte était bien fermée/mal fermée » ;
- ne pas vérifier une seconde fois.

Si le doute s'installe, dites-vous : « J'ai déjà vérifié une fois, la porte était fermée/ouverte. Je suis sûre qu'elle est bien fermée maintenant. Si je retourne vérifier je vais être rassurée sur le moment mais je vais perdre ma confiance. »

En bref, ne faites pas entrer le loup dans le placard !

La satisfaction de l'effort

Nous avons vu comment les progrès technologiques avaient modifié nos comportements. Grâce aux ordinateurs, à Internet, aux téléphones portables nous allons plus vite, nous tolérons moins d'attendre. Notre perception du temps a changé et notre rapport à l'attente et aux efforts aussi. Impatients d'avoir, de faire, de réussir, nous sommes devenus aussi intolérants aux frustrations que nos enfants à qui la société ne formule que des reproches ! Nous vivons à l'heure des adultes rois, notion développée par Didier Pleux dans mon dernier ouvrage[1].

La notion d'effort renvoie souvent à une question morale. Il est valorisant socialement de fournir des efforts et l'on encourage les enfants à les développer.

Mais après tout, qu'est-ce que l'effort et à quoi sert-il ?

D'après le dictionnaire usuel, il s'agit de la concentration de nos forces physiques et/ou morales en direction d'un but à atteindre. Dans un autre sens, cela peut aussi recouvrir l'obligation à faire quelque chose bien que l'on éprouve une certaine répugnance.

En faisant des recherches bibliographiques sur cette notion, je me suis rendu compte qu'elle avait surtout été travaillée par des pédagogues, enseignants ou éducateurs.

Il est possible de distinguer plusieurs types d'effort[2] :

- l'effort physique qui fait référence au niveau et à la durée de mobilisation des ressources bioénergétiques et biomécaniques de l'individu ;
- l'effort mental qui renvoie aux ressources attentionnelles allouées à une tâche (niveau de concentration) ;
- l'effort affectif qui s'incarne essentiellement dans la capacité de surmonter ses doutes et ses appréhensions (ressources psychoaffectives) ;
- l'effort social qui désignerait la capacité à dépasser son égocentrisme pour prendre en compte les intérêts et le point de vue d'autrui (ressources relationnelles).

L'effort physique, mental, affectif ou social est le moteur des apprentissages de l'enfant, il permet son développement et garantit la réalisation de l'adulte qu'il deviendra.

Il conditionne le niveau de ressources que l'on va investir pour dépasser les contraintes personnelles et environnementales et permettre l'adaptation à une situation.

D'après cet exercice, nous pouvons constater que fournir un effort peut générer des émotions agréables ou désagréables. Les conséquences de l'effort vont alors déterminer la motivation à le poursuivre ou à le refréner.

Exercice pour apprécier les ressorts d'un effort

Pouvez-vous décrire le dernier effort que vous ayez fourni, qu'il soit physique, mental, affectif ou social ?

....

....

....

Qu'avez-vous ressenti pendant l'effort ?

....

....

....

Quelles ont été les conséquences concrètes de votre effort ?

....

....

....

Qu'avez-vous ressenti après avoir fourni cet effort et face aux conséquences ?

....

....

....

Si un élève fournit un effort vécu de façon désagréable pour apprendre une leçon et qu'il obtient un mauvais résultat, fort est à parier qu'il diminuera malheureusement son effort. Si, face à cet effort, il obtient un bon résultat, il aura tendance à le maintenir.

Ensuite, si l'effort est ressenti de manière agréable, les conséquences ont moins d'impact sur la motivation. Que l'on ait de bons résultats ou non n'entraîne pas pour autant une baisse motivationnelle à long terme.

Cela semble dépendre de deux choses :

– le vécu émotionnel face à l'effort, la manière dont nous avons appris à vivre les efforts. Si les efforts sont vécus uniquement comme des contraintes, ils seront associés à des émotions négatives ;

– les objectifs que l'on se fixe, ou comment nous déterminons le but de nos efforts. Si un effort sert uniquement à gagner, à réussir, nous risquons une déception qui démotive. Si un effort se définit comme une expérience à vivre, une façon de découvrir nos ressources, alors nous ne sommes jamais perdants et restons motivés. Ce qui permet de rester motivé c'est de constater la valeur du chemin que l'on parcourt pour arriver à son but et pas uniquement de vouloir atteindre le but en tant que tel.

Quelles sont les conséquences d'un affaiblissement de l'effort ?

– Nous risquons à terme de ne plus vouloir nous contraindre si cela nous conduit à ressentir des sensations désagréables.

– Cela peut impacter nos capacités d'adaptation aux événements.

– Sans effort, nous réalisons moins de choses et risquons de diminuer notre sentiment d'efficacité personnelle et de nuire à notre confiance en nous.

La satisfaction ressentie lorsque nous effectuons une tâche ayant exigé un effort n'est pas identique à l'accomplissement d'une tâche sans effort.

Exercice pour évaluer le degré de satisfaction avec et sans effort

Imaginez que vous repeignez les murs de votre salon, cela vous prend deux ou trois jours. Vous vous donnez les moyens pour que le travail soit bien réalisé. Le salon est à l'image de ce que vous souhaitiez. Lorsque c'est terminé, que ressentez-vous ? Qu'avez-vous envie de faire ?

....

....

....

Imaginez maintenant que votre salon a été entièrement repeint par un artisan que vous payez. Le travail est très bien réalisé. Le salon est à l'image de ce que vous souhaitiez. Lorsque c'est terminé, que ressentez-vous maintenant ? Qu'avez-vous envie de faire ?

....

....

....

Les nuances du vécu émotionnel peuvent varier considérablement. Nous pouvons ressentir de la fierté à réaliser soi-même quelque chose. Dans le premier cas, l'effort est récompensé et motive pour réaliser d'autres choses. La satisfaction repose sur l'action associée à l'effort ainsi que le résultat de l'action. Il nous permet de nous sentir capable d'accomplir des choses importantes pour nous et il nous renvoie une bonne image de nous-même. Cet effort participe au développement de soi et à la confiance en soi.

Dans le second cas, la satisfaction est aussi présente, mais repose uniquement sur le résultat, pas sur l'action. Ainsi, lorsque l'on ne fournit pas l'effort, les conséquences sur la confiance en soi et l'image de soi sont inexistantes.

En définitive, la tolérance et la capacité à fournir des efforts sont des moteurs de réalisation de soi. Elles favorisent confiance en soi et estime de soi.

Ce que vous pouvez retenir du travail sur le comportement

- Se rassurer sans arrêt à propos de nos peurs (en vérifiant par exemple) annule l'effet escompté. Plus nous vérifions, plus nous doutons.
- La technologie est attrayante mais peut augmenter notre désir de toute-puissance et engendrer une intolérance à la frustration dommageable pour notre humeur et notre équilibre psychologique. Nous pouvons rester maîtres de nos comportements. C'est notre volonté qui dirige nos actes et pas l'inverse !
- L'effort est indispensable à la réalisation de soi et à la constitution de la confiance en soi. La réduction de l'effort inhérente à certaines technologies nous rend impatient, irascible et tyrannique.
- Ce que nous décidons de faire définit qui nous sommes !

CHAPITRE 10

Comment ne pas être ce que l'on pense ? Agir sur ses pensées

Nous avons vu combien nos émotions, nos comportements et nos pensées étaient en interaction constante. Nos pensées influencent souvent nos comportements. Nous croyons qu'elles sont le moteur de nos actions et avons tendance à nous fier beaucoup à leur véracité. En bons cartésiens, nous voulons percevoir le monde à travers le prisme du raisonnement (ce que nous confondons avec intelligence). Le fait d'avoir conscience de nous-même nous conduit à considérer que nos pensées sont ce que nous sommes, le fameux « Je pense donc je suis » de Descartes. Mais Descartes a aussi introduit le doute dans sa philosophie afin de ne pas se fier qu'à nos sens pour percevoir les choses. Cependant, chez Descartes, le doute devait conduire à établir une vérité. Au cours de ce chapitre nous apprendrons comment douter de nos pensées quand celles-ci nous font souffrir et surtout comment nous détacher de la valeur que nous leur accordons. Cela peut nous conduire à percevoir le monde en acceptant la multitude de ses dimensions.

Pouvons-nous devenir optimistes ?

Christian est un patient anxieux et perfectionniste qui se fait du souci, pour son travail essentiellement. Un jour, en séance, il me dit que son chef l'a convoqué pour l'informer de sa décision d'augmenter son salaire.

Prenez une minute pour vous demander, si cela vous arrivait, ce que vous ressentiriez. Quelles sont les pensées automatiques qui surgiraient ? Quelle attitude ou comportement auriez-vous ?

Vous pouvez les noter ci-dessous dans ce tableau :

Situation	Émotions	Pensées automatiques	Comportement
Mon chef m'annonce une augmentation de salaire.			

Si vos pensées vous offrent une perspective négative de vous-même, des autres ou de l'avenir, vous avez de fortes chances de faire partie de la famille des pessimistes.

Voici le tableau de Christian :

Situation	Émotions	Pensées automatiques	Comportement
Mon chef m'annonce une augmentation de salaire.	Stress	Pourquoi fait-il ça ? Il va m'en demander plus ! Ça cache quelque chose ! Il me manipule...	Attitude défensive. Ne sourit pas. Remercie à peine son chef.

Christian n'a pas la capacité de penser que cette augmentation est une bonne chose pour lui. Il procède de cette façon avec beaucoup d'autres événements de son quotidien. Ainsi, la perception de sa vie est plutôt négative et génère un sentiment d'injustice (émanant de la colère) et une profonde tristesse.

Christian est pessimiste, il interprète négativement les événements, qu'ils soient positifs ou négatifs. Il se sent impuissant depuis son enfance. On ne le complimentait jamais lorsqu'il réussissait quelque chose, on lui demandait si d'autres avaient mieux fait et comment il aurait pu faire mieux. Et, lorsqu'il échouait, ses parents le punissaient et le dévalorisaient : « Tu n'arriveras à rien dans la vie comme ça ! Quand tu seras grand, tu verras que la vie n'est pas facile. »

Il a appris à voir le monde et la vie comme une lutte, une bataille entre les forts et les faibles. Ayant conditionné la pensée qu'il était faible, il pense que rien de bon ne peut lui arriver.

Comment pourrions-nous définir l'optimisme ? Ce pourrait être l'art d'anticiper favorablement les événements et croire en une issue positive aux choses.

C'est très tentant, il faut bien l'avouer. Si Christian était optimiste, il pourrait voir différemment cette situation : « C'est une chance d'être augmenté, mon patron reconnaît ce que j'ai réalisé professionnellement. Je suis fier de moi… »

Les spécialistes de la psychologie positive et de l'optimisme, comme Martin E. P. Seligman[1] de l'Université de Pennsylvanie, pensent que nous pouvons apprendre à être optimistes. Martin Seligman propose des exercices pour y arriver.

➤ *La méthode AIC*

Dans un premier temps, bien prendre conscience des événements difficiles pour nous en les classant en trois catégories : Adversité – Interprétation – Conséquences.

Ainsi, à propos de l'exemple de Christian :

Adversité : Mon patron m'offre spontanément une augmentation sans que je la demande.

Interprétation : « Pourquoi fait-il ça ? C'est louche, ça cache quelque chose. C'est sûr, il va m'en demander davantage et je ne pourrai pas refuser. C'est un beau manipulateur. »

Conséquences : Je me méfie de mon patron, je m'attends au pire dès que je le vois s'approcher. Je l'évite tant que je peux. Je ne pense plus qu'à cela !

À partir de là, il nous propose de réfuter notre pensée en l'attaquant. C'est devenir l'avocat de la partie adverse !

Réfutation : Du calme Christian ! Tu n'as pas de preuves de ce que tu avances. Il est vrai que tu es surpris par cette augmentation, mais il est possible que ce soit un acte sincère. Peut-être a-t-il augmenté le salaire d'autres personnes dans l'entreprise. Et puis, les résultats annuels sont meilleurs que l'an dernier donc cela peut s'expliquer… Attends de voir un peu si ce que tu penses est vrai.

Pour parfaire cette réfutation, un débat intérieur peut s'organiser comme tel :

– chercher des faits à l'appui de ma pensée ;
– trouver une explication de rechange ;
– se demander quelles sont la portée ou les conséquences de ma pensée ;
– s'interroger sur l'utilité de sa pensée.

Se crée alors un dialogue intérieur qui permet une certaine remise en question des pensées et, par conséquent, plus de recul sur la situation.

Cette technique dite de restructuration de nos pensées a ses limites. Tout va dépendre des émotions ressenties en situation. Plus l'émotion sera forte, moins nous serons capables de penser la situation. Beaucoup de mes patients me disent être incapables de réaliser cet exercice si leur émotion est forte. Mais si l'intensité émotionnelle est moyenne, cet exercice leur est d'une aide précieuse.

Il existe un autre moyen plus simple à appliquer (même dans un contexte émotionnel chargé) pour changer de point de vue sur un problème ou sur nos pensées.

➤ *La méthode pourquoi/comment*[2]

Lorsque nous sommes face à un problème, nous nous posons spontanément des questions centrées sur le pourquoi. Nous cherchons des explications, une raison aux événements qui surviennent. Les questions en pourquoi sont souvent culpabilisantes, car elles nous responsabilisent davantage. Si le pourquoi concerne des éléments extérieurs nos questions peuvent de surcroît rester sans réponse. Ainsi, il semble plus pertinent pour résoudre une difficulté de poser des questions commençant par « comment ».

Procédure :

– Face à une situation qui nous interroge, repérer les questions en « pourquoi ».

– Si vous en avez la possibilité, les noter sur une feuille de papier.

– Transformer les questions « pourquoi » en questions « comment ».

Les questions en « comment » mettent au jour les étapes et le déroulement d'une situation. Cela induit des mécanismes constructifs et opératoires dans notre réflexion permettant d'entrevoir d'autres perspectives.

Si l'on applique cette procédure à l'exemple de Christian :

« Pourquoi le patron m'offre une augmentation
sans que je la lui demande ? »
devient :
« Comment suis-je parvenu à obtenir une augmentation ? »

Cela a modifié le rapport de Christian à l'événement. Il répond : « Je me suis investi dans ce poste depuis le début. J'ai fait de nombreuses heures supplémentaires au grand dam de ma famille. J'ai proposé des idées et manifesté mon envie et ma capacité à prendre des responsabilités. » Christian peut réaliser sa part de responsabilité dans l'obtention de cette promotion. Il est en capacité de s'attribuer cette réussite.

Comme nous le voyons, l'optimisme ne correspond pas à la production de pensées positives idéalisées auxquelles nous ne pouvons pas croire. L'optimisme n'est pas l'application de la méthode Coué qui consiste à répéter intérieurement une litanie positive. Rester optimiste revient à assouplir l'interprétation des situations que nous rencontrons pour ne pas tomber dans nos schémas de pensée destructeurs.

Mais pour que cela fonctionne, il faut croire en ces nouvelles pensées.

Et c'est là que le bât blesse. Lorsque la mémoire a enregistré, plusieurs années durant, des croyances négatives (qui sont en quelque sorte les racines de nos pensées automatiques négatives), il peut être très ardu, voire impossible, de les déloger. Comme un tyran qui nous gouverne, la croyance négative cherchera à avoir raison !

Il existe heureusement une autre voie thérapeutique qui consiste à accepter nos pensées sans pour autant y croire. Le prochain chapitre va apporter des moyens pour y parvenir…

Ne pas croire à toutes nos pensées !

> « C'est une des caractéristiques étranges de la mauvaise humeur : on se fait des idées et on se rend malheureux en se persuadant de choses qui ne sont tout simplement pas vraies. »
>
> David Burns, professeur de psychiatrie, Université Stanford.

Ce qui nous fait souvent souffrir c'est de croire ce que notre tête nous raconte.

Nous avons vu dans le premier chapitre du livre que nos pensées sont des interprétations de la réalité (dépendantes de nos croyances apprises avec les expériences du passé et du présent) en fonction de l'émotion que l'on ressent. Nos pensées ne sont pas des vérités, elles ne sont qu'une façon de percevoir les choses. Si nous pouvions tous avoir conscience de cela, nous accepterions davantage les personnes qui ne pensent pas comme nous.

Lorsque nous n'arrivons pas à discuter nos pensées, à les réfuter (avec la méthode AIC citée plus haut), comment pouvons-nous vivre avec elles sans qu'elles provoquent une souffrance ou qu'elles nous empêchent de réaliser ce que l'on souhaite ?

L'idée principale est de changer la relation que l'on entretient avec nos pensées. Pour cela, il faut commencer par considérer que nos pensées sont parfaitement autonomes. On ne contrôle pas ce que l'on pense. Ce qui peut en apporter la preuve c'est la façon dont nous pouvons penser une chose et son contraire en quelques instants.

Exemple
J'ai toujours pensé que j'avais en horreur les épinards et les cailles. Un jour, j'ai été invitée chez une voisine de quartier que je ne connaissais pas de façon très personnelle. Elle avait pris beaucoup de soin à préparer des cailles farcies au foie gras et des épinards. Dans ma tête, les pensées fusaient : « Oh ! non ! Deux aliments que je déteste réunis dans un seul plat ! Ce n'est vraiment pas de chance ! Je vais passer un mauvais moment ! »
Ma peur de la blesser m'a permis de manger le plat et de considérer les choses autrement : « Ce n'est pas mauvais du tout ! Pourquoi ai-je toujours pensé que je détestais cela ? »

Trois conclusions découlent de cette expérience :
– mes pensées ont changé en l'espace de cinq minutes sans que je le décide ;
– elles ont changé parce que je ne leur ai pas obéi ;
– l'expérience nouvelle (manger ces deux aliments) m'a permis de changer mes pensées.
Nous pouvons concevoir nos pensées comme des entités autonomes.

➤ *La méthode de l'avatar*

Ce que nous pensons n'est pas une vérité en soi, mais la vérité que nous avons apprise.

Je vous propose de vous positionner différemment face à vos pensées en réalisant l'exercice suivant.

Exercice pour relativiser les croyances personnelles : méthode de l'avatar

1. Identifiez vos pensées automatiques qui vous jugent négativement. En général on se répète toujours un peu la même chose : « Quelle nulle ! » ; « Je ne suis pas à la hauteur » ; « Ce n'est pas juste » ; etc.
2. Trouvez le dénominateur commun à ces pensées ou le thème principal : l'injustice, l'abandon, l'échec, la perfection, la culpabilité…
3. Imaginez un personnage de l'histoire, de la littérature, de la culture populaire à qui cela vous fait penser. Voici par exemple certains personnages choisis par des patients : Calimero pour l'injustice, Toto pour la bêtise, Zorro pour l'injustice, Dark Jiminy (la version sombre de Jiminy Cricket, le grillon de Pinocchio) pour la mauvaise conscience… Les personnages de la collection de livres pour enfants « Monsieur-Madame » font aussi très bien l'affaire : Madame Coupable, Monsieur Exigeant… Ce personnage serait votre avatar : l'apparence que vous prenez dans une situation donnée.
4. Repérez et identifiez vos pensées quand elles arrivent (c'est au cours des séances que le thérapeute vous entraîne à les identifier), puis acceptez qu'elles soient présentes car elles sont enregistrées dans votre mémoire depuis un certain temps. Pour cela dites-vous que c'est votre avatar qui se manifeste : « Ah ! Tiens ! voilà Calimero qui revient ! » D'autres patients préfèrent se dire : « Je refais mon Zorro. » Cette démarche va permettre une distanciation avec vos pensées, vous pourrez les observer plutôt que les subir et y adhérer.
5. Puis, vous pouvez vous demander : « Qu'est-ce qui est le plus important pour moi ? Qu'est-ce que je veux vraiment ? » ou encore : « La femme ou l'homme que j'ai envie d'être, qu'est-

ce qu'il ou elle ferait ici et maintenant ? Est-ce que je peux essayer de le faire ? Quels sont les risques que je prends ? Quels sont les bénéfices possibles ? »

Il ne s'agit pas d'obéir à son avatar, mais de déterminer ce que vous avez besoin de faire.

6. Enfin, AGISSEZ ! car, je vous le rappelle, c'est en faisant de nouvelles expériences que de nouvelles pensées et de nouvelles croyances vont naître.

En définitive, nous pouvons percevoir nos pensées comme des mots successifs desquels nous pourrions nous entraîner à nous détacher de leur valeur significative.

Selon Ferdinand de Saussure, linguiste suisse, le signifiant et le signifié sont les deux faces complémentaires d'un mot (ou d'un signe). Le signifié désigne le concept, la représentation mentale d'une chose, tandis que le signifiant désigne l'image acoustique d'un mot.

Ainsi, lorsque je pense : « Je suis nulle », c'est la valeur du « signifié » qui me fait souffrir, car je vais avoir une représentation mentale de ces mots qui peut se référer à des expériences mémorisées : les notes à l'école, un échec, une chute honteuse… Nous pouvons nous entraîner à nous détacher de la valeur « signifié » pour ne saisir nos pensées qu'en termes de signifiants (juste leur valeur acoustique).

Pour cela, je vous propose un dernier exercice cognitif que proposent les psychothérapeutes formés en ACT (*acceptation and commitment therapy*[3]).

Exercice pour déminer les croyances personnelles négatives

Écrivez le qualificatif négatif que vous avec tendance à vous reprocher continuellement. (Exemple : « Je suis nulle. »)

....

....

....

Répétez l'adjectif à voix haute pendant au moins trois bonnes minutes.

Qu'observez-vous ?

....

....

....

Maintenant écrivez la traduction de cet adjectif dans une autre langue (pas votre langue maternelle de préférence) :

....

....

....

Répétez ce mot dans la nouvelle langue au moins trois bonnes minutes.

Qu'observez-vous ?

....

....

....

Le sens du mot a-t-il la même valeur ? Que penser lorsqu'on ressent de la peine en évoquant « Je suis nulle » et rien de particulier en le traduisant en une autre langue ? Il s'agit pourtant de la même chose. Détachons-nous du signifié pour accorder moins de valeur au sens du mot et plus de valeur à nos aspirations profondes et nos actes.

Mémoriser les événements agréables

Jacqueline, 54 ans, a entamé une psychothérapie au moment du décès de sa sœur cadette. Elles étaient très proches et son absence crée un vide existentiel chez elle. La vie lui paraît aujourd'hui dénuée de sens et d'intérêt. Elle rêve chaque nuit de sa sœur et ne peut s'empêcher de se souvenir des derniers jours pénibles de la fin de vie de celle-ci. Des images associées à des sensations désagréables lui reviennent automatiquement. Jacqueline souffre moralement et dans son être tout entier. Alors elle s'efforce de détourner son attention de ses pensées, elle essaie de faire abstraction de ses sensations en sortant beaucoup (tout le monde l'encourage d'ailleurs à cela), en occupant son corps et sa tête pour distraire ses pensées. Elle évite de retourner dans la maison de campagne familiale de peur d'être confrontée à sa douleur. Ce besoin d'éloigner la souffrance est bien naturel. Cependant, cela fait plus d'un an que la sœur de Jacqueline est morte, et les pensées, images, sensations restent en toile de fond et surtout reviennent en masse le soir quand Jacqueline est inactive. Il n'y a rien à faire, la mémoire de Jacqueline la somme de se souvenir !

Cet exemple illustre à quel point la vie psychique échappe au contrôle.

La mémoire est un mécanisme complexe et vital. Nous apprenons à longueur de journée et mémorisons de façon parfaitement involontaire les éléments de notre environnement. Il y aurait bien des souvenirs que nous aimerions oublier mais qui s'imposent à nous. Et, inversement, il y a bien des choses que nous aimerions retenir mais sans résultat ! Nous ne contrôlons pas l'ensemble du processus de mémorisation. Certaines choses peuvent être apprises volontairement : la leçon d'histoire ou les tables de multiplication pour l'élève ; le code de la route ou le numéro de poste du collègue au travail. L'utilité, la répétition et l'application pratique des informations permettront une mémorisation à long terme tandis que les informations non applicables ou non utiles peuvent s'oublier.

Quel est le rôle de notre mémoire ?

Notre mémoire est l'outil de notre survie, comme le souligne Jean-Louis Monestès dans son ouvrage *Faire la paix avec notre passé*[4].

C'est pour cette raison que nous retenons plus rapidement et plus facilement les expériences malheureuses plutôt que les situations heureuses.

Par exemple, lorsque vous vous êtes coupé le doigt avec un couteau en épluchant vos carottes, votre mémoire a enregistré la douleur et l'événement tout entier. La prochaine fois que vous prendrez un couteau (le même ou un autre), il y a de fortes chances que votre mémoire vous ressorte le fichier « coupure carottes » vous conduisant à prendre toutes les précautions possibles. Nous l'avons enregistré en mémoire de façon involontaire et le souvenir réactivé permet de se protéger. De plus, il n'y a pas de mémorisation sans émotion. L'émotion « dirige automatiquement l'attention vers les informations qui lui sont pertinentes[5] ». Ces informations seront ainsi mieux mémorisées pour garantir notre survie.

Dans le cas de Jacqueline, sa mémoire a bien enregistré la douleur de l'événement et dans les premiers mois la lui rappelle pour qu'elle se souvienne du lien fraternel, de l'importance que celui-ci ou que sa sœur avait dans sa vie, des moments difficiles qu'elle a passés... C'est peut-être douloureux mais vital.

Le problème qui amène Jacqueline en thérapie n'est pas le contenu même de ses pensées mais leur répétition, leur surabondance à des moments précis de la journée : quand elle ne peut plus distraire son cerveau et l'occuper à autre chose.

Ainsi, c'est bien la distraction ou l'évitement des pensées et des émotions qui leur sont associées qui conduit à leur persévérance et à leur rigidité.

Par conséquent, rien ne sert de lutter contre ce que notre cerveau produit dans la mesure où il agit dans le sens de notre survie. Il vaut probablement mieux lui faire confiance et attendre que cela passe. J'ai donc demandé à Jacqueline de noter sur un cahier les pensées désagréables quand elles arrivaient et de ne surtout pas distraire sa pensée ni éviter ses émotions. Il était bien entendu qu'elle pouvait toujours sortir mais quand elle en ressentait l'envie plutôt que pour éviter d'être confrontée à sa douleur. Je lui ai recommandé de parler de sa sœur à ses amis si elle en ressentait le besoin, de s'autoriser à pleurer si les larmes lui venaient, de ne plus éviter les lieux lui rappelant sa sœur.

En outre, booster un peu la mémoire des souvenirs agréables, pas indispensables à notre survie mais utiles à notre bonheur, est possible.

J'ai ainsi demandé à Jacqueline d'évoquer à chaque séance des moments heureux avec sa sœur. De leur petite enfance jusqu'à avant sa mort. Jacqueline a ainsi ressenti un panel varié et complexe d'émotions : la tristesse a été mêlée aux rires, le manque au soulagement... Jacqueline a élargi son répertoire émotionnel, elle a accepté davantage l'apparition de ses pensées et de sa douleur, car elle a fait une expérience unique : rien n'est figé durablement dans notre tête, tout est en mouvement. Aujourd'hui, les images et les pensées des moments pénibles ne sont plus dominantes et Jacqueline n'en souffre plus. Elle éprouve un manque mais ne subit plus les ruminations des images douloureuses.

Cette thérapie m'a conduite à me demander si nous portions suffisamment notre attention sur les événements plaisants, heureux de notre quotidien.

J'ai écouté les conversations dans la rue, dans les soirées auxquelles j'assistais et me suis surprise à entendre davantage de plaintes ou d'intérêt à parler de situations difficiles : « Tu ne sais pas ce qui m'est arrivé l'autre jour ? On m'a volé ma voiture, j'ai failli m'étouffer, ma fille a eu 40° de fièvre... »

Comme nous mémorisons davantage les mauvais moments nous les exprimons aussi beaucoup plus et ainsi chacun raconte ses petits malheurs. *A priori*, rien de bien grave mais à l'échelle d'une journée, ces stimuli négatifs n'ont-ils pas de prise sur nos émotions ?

Ainsi, je fais le pari qu'en s'exprimant de temps en temps sur les événements heureux, les moments de satisfaction, les choses agréables de la vie, nous pouvons à la fois éprouver plus d'émotions agréables et, en les partageant, mémoriser plus durablement ces ressentis.

Exercice pour porter votre attention sur les événements agréables

Au coucher par exemple notez (sur un papier ou dans votre mémoire) un moment agréable de votre journée. Vous pouvez vous aider avec les questions suivantes :

- Quel moment ai-je le plus apprécié de ma journée ?
- Qu'est-ce qui m'a plu aujourd'hui ?
- Quelle situation m'a apporté le plus de satisfaction ? de joie ? de contentement ?

Vous pouvez le noter ci-dessous :

....

....

....

Cet exercice peut être proposé aux enfants pour les entraîner à porter leur attention sur les situations et émotions agréables de leur vie.

Pour mémoriser, il est nécessaire qu'il y ait une répétition. Ainsi ne gardez pas ces bonnes pensées pour vous, n'hésitez pas à les partager avec vos proches, vos amis, vos voisins…

Nous ressentons tous des sensations très agréables lorsque nous évoquons avec des amis des souvenirs de fous rires, de bons moments passés ensemble.

Ces souvenirs (sous forme de mots ou d'images) sont associés en mémoire à des émotions que nous pouvons faire resurgir dès que nous le souhaitons : nous pouvons revivre mentalement seul des moments heureux.

Exercice pour générer des sensations agréables

Dès que vous avez quelques instants pour vous :

• Réfléchissez au meilleur moment de votre journée. Il n'est pas question d'avoir des journées extraordinaires. Dans l'ordinaire de votre journée, quel instant a été particulièrement appréciable ?

• Si vos pensées s'orientent vers autre chose, tant pis, observez ce qui vient et essayez à nouveau de porter votre attention sur un moment agréable de votre journée.

• Si vous en trouvez un, visualisez cet instant, essayez d'imaginer les détails de cette scène.

• Observez maintenant ce que vous ressentez dans votre corps et ce que cela vous donne envie de faire.

Ce que vous pouvez retenir du travail sur les pensées

• S'entraîner à être plus optimiste dans la vie ne revient pas à pratiquer la pensée positive. Travailler son optimisme consiste à prendre un certain recul sur ses perceptions et rechercher d'autres manières de voir les choses.

• Il est possible de créer de nouvelles pensées grâce à un travail cognitif, mais globalement nous ne pouvons pas modifier nos croyances. Si nous croyons que nous sommes idiots depuis notre petite enfance, cette pensée ne disparaîtra jamais totalement. Mais celle-ci peut se détacher de la souffrance qu'elle engendre et d'autres croyances peuvent être créées à partir de nouvelles expériences.

• Il est possible de refuser de croire ce que notre tête nous raconte !

CHAPITRE 11

Accepter ses émotions

Aujourd'hui, la recherche en psychologie cognitive apporte la preuve que la dérégulation et l'évitement émotionnels sont à l'origine de nombreuses pathologies psychologiques. Alors que l'on percevait l'émotion comme un symptôme ou une réponse ou encore une conséquence de la psychopathologie, elle représente aujourd'hui un rôle central dans le processus psychopathologique[1].

Ainsi, de nombreux psychothérapeutes concentrent leurs interventions sur le traitement des émotions. Comment traiter nos émotions ? Quelle place devons-nous leur accorder ? Comment ne plus souffrir de nos émotions ?

Apprendre à tolérer toutes nos émotions : abandonner la lutte !

Nous avons vu qu'il n'y avait pas d'émotions négatives ou positives, nous n'éprouvons que des émotions utiles à notre survie ! Les problèmes surviennent lorsque nous réprimons nos émotions.

Avez-vous déjà essayé de retenir des larmes ? Est-ce facile pour vous ? Qu'est-ce que cela provoque physiquement ?

Réprimer une émotion a des conséquences qui ne sont pas à négliger. Tout d'abord, sur le plan physique (douleurs, tensions, contractions...), psychologique (nervosité, irritabilité...) et neurologique : le traitement de l'information ne sera pas complet.

Nous avons pu voir que les émotions aident à nous adapter à notre environnement. Pierre Philippot complète cette définition en écrivant que « c'est un merveilleux héritage qui nous permet des réponses quasi immédiates et hautement organisées dans toutes situations ayant une pertinence pour notre identité et les buts que nous poursuivons[2] ».

Lutter contre ce phénomène naturel et vital ne peut qu'entraver notre équilibre et l'assouvissement de nos besoins. Cela ne signifie pas qu'il faille obéir à ses émotions : si, chaque fois que nous nous sentons en colère, nous avons tendance à agresser, ce n'est pas forcément le moyen adapté de gérer notre émotion.

Il existe plusieurs interventions thérapeutiques pour apprendre à accepter ses émotions et tolérer leurs manifestations psychophysiologiques.

Cette procédure est inspirée de deux modèles empiriquement validés : celui de Greenberg[3] et celui de Jon Kabat-Zinn[4].

C'est un modèle qui compte sept phases :

1. l'information sur les émotions ;
2. la prise de conscience des émotions ;
3. l'émotion sous-jacente ;
4. l'accueil de l'émotion ;
5. l'étiquetage de l'émotion ;
6. reconnaître si l'émotion est adaptée ou non ;
7. l'action.

➤ *Phase 1. Être informé sur les émotions*

Leur origine, leur définition, leur rôle dans la vie quotidienne... J'espère que la lecture des chapitres de ce livre concernant les émotions vous aura apporté suffisamment d'informations pour comprendre l'importance et l'utilité de nos émotions.

➤ *Phase 2. Prise de conscience des émotions*

Pour apprendre à gérer nos émotions, il est indispensable de savoir les identifier et les reconnaître.

Il existe six émotions primaires qui se manifestent, nous l'avons vu, par nos expressions faciales.

Je vous propose de regarder les portraits-robots ci-après et de reconnaître les émotions exprimées, en cachant les réponses situées dans le cadre de gauche.

1. Colère
2. Dégoût
3. Peur
4. Joie
5. Tristesse
6. Surprise

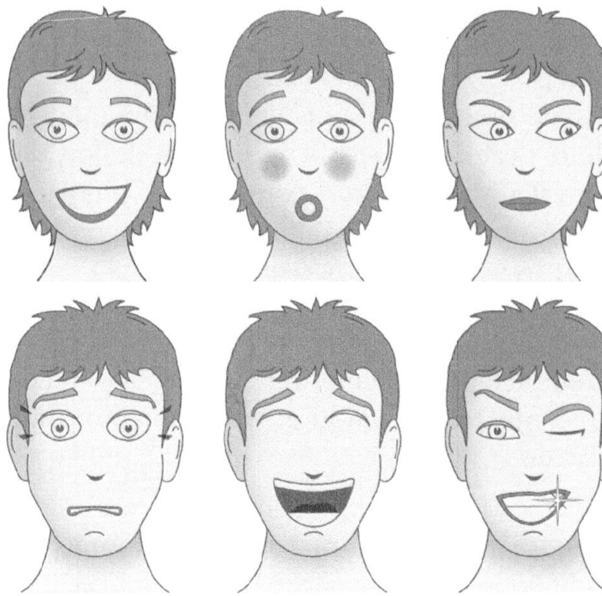

➤ *Phase 3. Une émotion peut en cacher une autre*

Lorsque vous avez identifié votre émotion dans une situation donnée, demandez-vous si elle n'en cache pas une autre. Par exemple, vous vous sentez stressé(e) quand votre ami(e) n'arrive pas à l'heure à un rendez-vous important. Allez plus loin en vous demandant ce qui vous stresse le plus, ce que vous ressentez au-delà de ce stress : peut-être de la colère car il (elle) vous fait le coup à chaque fois et vous ne vous sentez pas respecté(e) ; peut-être de la déception, car vous vous dites que vous ne pouvez pas compter sur lui (elle).

La colère ou la déception sont alors les émotions primaires, le stress étant l'émotion secondaire.

➤ *Phase 4. Accueillir l'émotion*

Comme nous recevons un invité dans notre maison, nous pouvons accueillir l'expérience émotionnelle qui nous traverse, sachant que nous l'accueillons pour un temps donné. Comme une invitée, l'émotion va finir par s'en aller. Elle ne peut rester de façon définitive. Après avoir fait son travail de signalement, elle n'a plus de raison d'être. Si nous laissons une émotion s'exprimer librement, elle produit une courbe de Gauss, c'est-à-dire qu'elle monte plus ou moins lentement, culmine pour ensuite chuter progressivement.

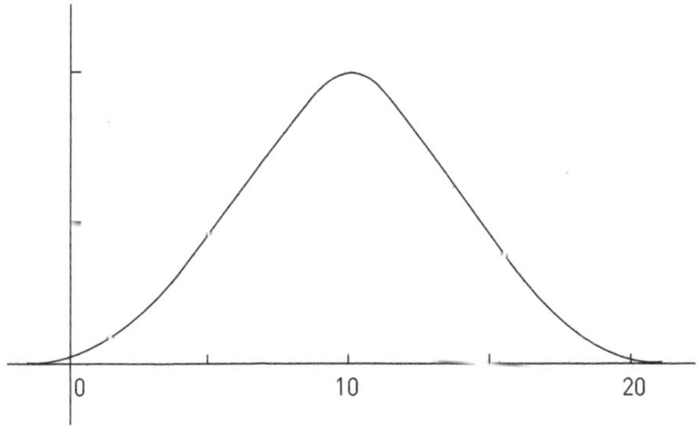

Figure 1. Courbe de Gauss.

Il s'agit de développer une observation bienveillante de l'émotion qui va nous permettre d'évaluer la situation vécue et de nous renseigner sur nos besoins fondamentaux avant d'agir.

Pour accepter sa présence, vous pouvez par exemple formuler dans votre tête ou à voix haute : « Tiens, voilà à nouveau mon émotion ; c'est pénible mais je sais dorénavant qu'il ne sert à rien de lutter. De toute façon elle va baisser si j'accepte qu'elle soit là. »

Pour l'observer et en tirer parti, vous pouvez vous poser les questions suivantes : « À quoi ressemble-t-elle ? Où est-ce que je la ressens dans mon corps ? Qu'est-ce qui me traverse l'esprit maintenant ? Qu'est-ce que mon émotion m'apprend de moi ? De mon besoin à cet instant ? Quelle est mon envie d'agir ? »

➤ *Phase 5. Étiqueter son émotion*

Il faut aussi la verbaliser à soi et/ou à d'autres : « Je ressens de la tristesse », « Je me sens en colère ».

Selon Greenberg, cet étiquetage émotionnel va permettre de mentaliser l'émotion plutôt que de la subir et la mettre en acte. La prise de recul avec la situation et notre mode de réaction ne peut qu'être améliorée.

Selon une étude menée par Rimé, Noël et Philippot[5], malgré la réactivation des sensations émotionnelles désagréables lorsque nous parlons avec quelqu'un d'une émotion douloureuse, nous serions tous prêts à partager socialement nos émotions. Il se pourrait que les bénéfices ressentis à moyen terme soient plus importants que les sensations pénibles ressenties à court terme.

➤ *Phase 6. L'émotion est-elle adaptée ou inadaptée ?*

Quand vous avez réussi à prendre conscience de votre émotion, à l'accueillir et à l'observer, il est indispensable de vous demander si elle vous envoie un VRAI signal d'alerte, constructif ou si elle vous envoie un FAUX signal correspondant à des alertes datant du passé ou encore des alertes irrationnelles.

Par exemple, dans les troubles anxieux, la peur s'active très vite sans qu'il y ait de vrai danger (rationnel) pour l'individu. Seulement, la peur s'étant activée à un temps T, le cerveau va chercher à protéger l'intégrité de l'individu et réactive l'alarme devant un événement apparenté à la situation d'origine. J'ai tendance à dire à mes patients anxieux que leur alarme est toute déréglée ! La thérapie vise à réajuster les paramètres, redéfinir les zones de danger et de sécurité et faire des expériences rassurant le patient sur sa capacité à faire face.

Ainsi, face à votre émotion, demandez-vous : « Est-ce que cette émotion (ma peur, ma colère...) est adaptée à la situation présente ? »

Si oui : « J'ai des raisons de me protéger et d'agir selon cette émotion. »

Si non : « Si je n'éprouvais pas cette émotion, comment pourrais-je agir ? Quel serait le comportement qui me permettrait de satisfaire mes besoins ? Que ferait la personne que j'aimerais devenir maintenant ? »

➤ *Phase 7. Action*

C'est par l'expérience que le changement s'opère. Quand un collégien a peur de poser une question en classe et fait l'expérience d'oser (grâce au travail de compréhension, d'acceptation et d'observation de sa peur, à la préparation mentale et comportementale), il apprend de nouvelles sensations et peut changer sa perception de lui-même. Cette phase est indissociable des six autres. Il n'est pas pensable de pousser un patient à s'exposer à ses émotions sans qu'il ait bien intégré les différentes phases du processus.

Vivre nos émotions nous conduit à accepter notre humanité et ce qu'elle constitue de plus beau à mon sens. Ce sont nos émotions qui nous différencient les uns des autres et nous unissent aussi les uns aux autres. Pour reprendre une belle formule du romancier David Foenkinos, lorsque nous vivons des émotions, nous « touchons au cœur de la vie[6] ».

Se centrer sur l'instant présent

Charles est anxieux et ne pense qu'à l'avenir, il anticipe tout et s'attend au pire. Catherine est déprimée et ne pense qu'au passé, elle regrette tout et ne s'attend à rien de bon dans sa vie.

Que manque-t-il à Charles et Catherine ?

Tous deux n'arrivent pas à porter leur attention sur le présent.

Lors d'un congrès de l'Afforthecc[7] sur la psychologie positive, notre invité Christopher Peterson (Université de Chicago, États-Unis) présenta les résultats de nombreuses études scientifiques sur les facteurs qui permettent l'accès au sentiment de bonheur. Selon ces études, trois facteurs sont déterminants pour se sentir heureux dans sa vie :

• Le lien social, se sentir appartenir à un groupe social et échanger/partager avec ce groupe.

• La réalisation de soi, faire des projets et les mener à bout, se développer dans tous les sens du terme.

• Et enfin, ce qui va nous intéresser maintenant : la capacité à porter son attention et se concentrer sur l'instant présent. Cela suppose d'être capable d'apprécier dans le sens de ressentir, estimer ce qui se passe ici et maintenant. Alors que je suis en train d'écrire ces quelques lignes, je peux aussi centrer mon attention sur mes sensations (inconfort pour mon dos), mes émotions (contentement lié à l'acte de créer), mes pensées (« qu'est-ce qui m'importe de dire ? »). C'est une sorte de focus sur différents plans-séquences. Certains appareils photo peuvent prendre des photos en rafale, ils prennent une photo par seconde. La psychologie de nouvelle génération appelle cela la « pleine conscience » : c'est être capable de saisir les instants présents et de focaliser sur ce qui se passe en nous.

Les gens globalement heureux seraient donc plus aptes à saisir l'instant présent.

Ce n'est pas récent. Le Japon a de nombreuses traditions permettant d'accéder à la sérénité. La pratique du haïku en est une. Il s'agit de courts poèmes en trois vers et dix-sept syllabes, créés au VIIe siècle.

Selon le poète japonais Matsuo Bashô (1644-1694), la pratique du haïku favorise quatre grandes qualités :

– *Sabi* : la simplicité et la conscience du temps qui passe et qui altère les choses et les êtres.

– *Shôri* : la capacité à suggérer l'amour des choses humbles.
– *Hosomi* : la découverte de la beauté du quotidien.
– *Karumi* : l'humour, qui allège la gravité des choses.

Écrire un haïku oblige notre attention à se focaliser sur les détails de la vie et malgré l'aspect lapidaire de cette écriture, il demande une réflexion importante pour suggérer les choses plutôt que les décrire et exprimer une émotion. L'un des plus célèbres haïkus de Matsuo Bashô :

Paix du vieil étang
Une grenouille plonge
Bruit de l'eau

Je vous propose de vous inspirer des qualités que les haïkus requièrent : simplicité, prise de conscience du temps, humilité, amour, beauté et humour.

De l'ordinaire extraire l'extraordinaire, telle est la vertu du haïku.

C'est au quotidien que nous pouvons nous exercer et nous entraîner à tirer du banal, la beauté des choses.

Petits exercices pour se rapprocher d'un état de pleine conscience

• Lorsque vous vous couchez le soir : bien sentir votre corps dans votre lit, sentir le poids du corps sur le matelas, la sensation des draps sur votre corps. La façon dont votre tête s'enfonce dans l'oreiller. L'odeur de votre chambre. Observez vos sensations lorsque vous vous couchez.

• Si des pensées ou des images arrivent, essayez de les regarder comme un photographe à travers son appareil. Du mieux que vous pouvez, observez-les sans les juger. Juste comme des mots et des images qui valent pour ici et maintenant.
• Pour vous aider à vous recentrer si vos pensées sont trop envahissantes, vous pouvez vous focaliser sur votre respiration. Portez ainsi votre attention sur la façon dont l'air frais traverse vos narines quand vous inspirez, puis l'air chaud lorsque vous expirez. Sentez de l'intérieur le cycle et le rythme de votre respiration. Le souffle est notre base vitale, nous recentrer sur lui est un bon moyen de sortir temporairement de notre intellectualisation.

En conclusion, la pleine conscience (ou la *mindfulness*) est une forme de méditation laïque. Elle consiste à apprendre à notre cerveau à porter notre attention sur l'instant présent sans jugement (laisser de côté si possible notre « intelligence », notre raisonnement) pour observer ce qui se passe ici et maintenant. Cela nécessite un petit entraînement, mais très rapidement cela change notre relation à nos émotions que nous observons comme des sensations qui vont et viennent, qui ne sont pas immuables.

Une personne âgée avec qui je m'entretenais en maison de retraite me proposa un jour une très belle métaphore. Elle me disait : « Mes humeurs sont comme la météorologie. Il y a des jours où il pleut mais on sait très bien que le beau temps va toujours finir par revenir, alors il faut juste être patient et laisser passer la pluie. »

La pleine conscience transforme le rapport à nos pensées que l'on peut percevoir comme des hypothèses plus que des vérités. Nos sensations physiques et corporelles s'en trouvent également modifiées : nous accordons de l'importance à notre corps autant qu'à notre esprit et ressentons davantage nos besoins physiques de façon à mieux y répondre.

La pleine conscience est une hygiène de vie psychique et physique qui a des effets reconnus sur l'anxiété, la dépression et la santé en général.

Pour en témoigner, je vous livre ici une expérience émotionnelle personnelle qui a été très constructive pour moi. Alors que j'étais en formation de *mindfulness* avec le professeur Pierre Philippot, et que nous étions en pleine pratique de méditation, surgirent en moi des sensations très désagréables. Au départ, j'attribuais mon malaise à ma grossesse de quelques mois et à la chaleur étouffante de ce mois de juin. Nous étions un groupe d'une vingtaine de personnes, et l'endroit où j'étais située m'obligeait à déranger tous les participants si je me levais. Ma peur de déranger m'a conduite à rester avec mon émotion, à éprouver dans mon corps tout le panel des sensations, à me demander ce que j'avais envie de faire et ce que je pouvais faire… Un très mauvais moment !

À la fin de l'exercice de méditation, je pouvais enfin exprimer mon mal-être, pensant que l'exercice n'avait finalement pas fonctionné avec moi. À ma grande surprise, Pierre Philippot m'a répondu que je venais de vivre un état de pleine conscience. Je compris ce que cela représentait pour mes patients d'être confrontés à leurs angoisses. Lorsqu'un deuxième exercice se présenta, deux sentiments coexistaient : la peur de me sentir mal à nouveau et, au-delà de la peur, la force d'avoir été capable de faire face la première fois et la certitude d'avoir gagné de la confiance en moi.

Souriez… et riez !

De nombreuses études scientifiques attestent que sourire et rire améliorent la santé physique et psychique et augmentent notre longévité.

Une étude, publiée dans *Psychological Science*, a porté sur 230 photos de sportifs de la Ligue de base-ball prises en 1952. Les clichés ont été classés en fonction de trois types de sourires : aucun sourire, sourire partiel, grand sourire et ont mis en parallèle l'âge au moment du décès.

Les chercheurs de l'Université Wayne State ont ainsi constaté que les joueurs de la première catégorie étaient décédés en moyenne à 72,9 ans, ceux de la deuxième catégorie à 75 ans et les plus souriants à 79,9 ans. Les résultats de cette étude sont en accord avec d'autres recherches sur le sujet et démontrent ainsi que « les émotions entretiennent une relation positive avec la santé mentale, la forme physique et la longévité ».

Une autre étude est riche d'enseignements. En 1988, Strack, Martin et Stepper ont proposé à des sujets de regarder un dessin animé. Ils divisèrent les sujets en deux groupes :

– le premier devait visionner la vidéo avec un crayon entre les dents sans que celui-ci touche leurs lèvres (ce qui fait intervenir les muscles du sourire) ;

– le second devait la regarder avec un crayon entre les lèvres sans le serrer dans les dents (faisant ainsi appel à des muscles incompatibles avec le sourire).

Les résultats montrent que les sujets du premier groupe qui ont donc simulé un sourire jugent le dessin animé plus drôle que les sujets du second groupe. La stimulation des muscles faisant appel au sourire génère des émotions agréables.

Le rire quant à lui aurait des effets physiologiques importants qui contribueraient à prévenir certains troubles somatiques voire certaines maladies.

Selon le docteur Yvon Saint-Arnaud[8], le rire ferait baisser le taux de graisses sanguines et préviendrait l'artériosclérose (durcissement progressif des artères).

En effet, le rire agit sur le système cardio-vasculaire dans le sens où il inhibe le système sympathique, ce qui ralentit le cœur et baisse la pression artérielle. Quand nous rions, notre système parasympathique est dominant.

En rétablissant l'équilibre entre le système sympathique et parasympathique, et grâce à la production d'endorphine, c'est un excellent antistress naturel.

Cette sécrétion d'endorphine ajoutée à la production d'adrénaline et de noradrénaline permet aussi de lutter contre les douleurs et inflammations de type articulaire.

Sur le plan respiratoire, le rire amplifie l'inspiration, permet une pause plus importante entre l'inspiration et l'expiration et prolonge l'expiration qui va favoriser une meilleure oxygénation du sang. Il va permettre une détente musculaire qui va améliorer le sommeil en permettant la sécrétion de sérotonine.

Les bienfaits du rire sur le système digestif seraient liés au massage abdominal qu'il produit et régulariserait ainsi la digestion.

Certaines études vont même jusqu'à démontrer les effets du rire sur le système immunitaire. Nous avons vu que le rire inhibait le système sympathique. Il ferait donc chuter la sécrétion de cortisol (hormone du stress), augmenterait le niveau d'immunoglobuline (des bactéries qui nous défendent en s'attaquant aux virus) et ainsi améliorerait le degré d'activité des lymphocytes T cytotoxiques appartenant au système immunitaire.

Il est important de préciser que le rire ne guérit pas, mais il a une action préventive et soulage bien des maux.

S'il n'est pas aisé de sourire volontairement, nous pouvons le provoquer par différents moyens :

– regarder ou écouter des émissions ou spectacles humoristiques ;

– faire des blagues à son entourage ;

– s'inscrire à un club de rire.

Sourire fait du bien à soi, mais a aussi une valeur sociale importante. Si votre boulangère vous sourit lorsque vous lui demandez du pain, qu'êtes-vous naturellement amené à faire ? Probablement lui sourire à votre tour.

C'est ce qu'Albert Bandura[9] a appelé l'apprentissage vicariant : c'est le fait de pouvoir apprendre par observation/imitation des autres.

Vous pouvez vous exercer à sourire :

• Lorsque vous vous préparez le matin devant votre miroir, essayez de sourire à votre reflet ! Au départ il s'agira d'un « faux » sourire, c'est-à-dire la simple contraction des muscles du sourire, les zygomatiques. Il est possible que vous vous sentiez ridicule à le faire. C'est normal puisque le sourire a probablement un intérêt social avant d'avoir des bienfaits personnels. Cependant, faites l'exercice tout de même, car devant ce « ridicule » vous pouvez être amené à sourire voire même à rire ! Il s'agira alors d'un « vrai » sourire, automatique et inconscient. Et là vous aurez réussi l'exercice !

• Ensuite vous pouvez essayer de sourire à un commerçant ou une personne dans la rue (en sachant que c'est un signe de rapprochement social : la personne peut vous parler plus facilement). Cela peut être un effort au départ, c'est normal si vous n'en avez pas l'habitude. Si vous n'êtes pas sportif et que vous vous mettez au jogging, il y aura un effort à surmonter pour arriver au plaisir que l'on ressent après une séance de course à pied.

• Observez l'effet de votre sourire sur l'autre. Est-ce qu'il vous sourit à son tour ? Cela peut-il avoir des conséquences sur votre échange verbal ?

• Observez ce que vous ressentez immédiatement, dans cette situation précise. En sortant du magasin, qu'est-ce que je ressens ? Où est-ce que je le ressens dans mon corps ? Si ce que je ressens pouvait être un objet ou une couleur, qu'en serait-il ? Et de temps en temps essayez de repenser à cette sensation et ressentez-la de nouveau, visualisez l'objet ou la couleur.

Autant que le rire, le sourire est contagieux et adoucit le rapport à soi et aux autres.

Ce que vous pouvez retenir du travail sur les émotions

• Nos émotions nous sont vitales en nous permettant de nous adapter. Si elles sont parfois inadaptées, c'est en raison d'apprentissages dysfonctionnels.

• Il est possible de moins souffrir de nos émotions à condition de commencer par les accepter.

• Lutter contre nos émotions les renforce et ne fait que différer l'expression de celles-ci.
Par exemple, la peur de rougir en public, cette gêne sociale a été souvent apprise dès le plus jeune âge, au cours des expériences scolaires. C'est bien parce que nous cherchons à ne pas rougir que la peur apparaît et conduit justement aux manifestations de rougeurs. Accepter de rougir et même le prévenir auprès des autres et d'en jouer est un moyen de dépasser cette peur.
• L'expérience de la pleine conscience est un autre moyen d'être connecté à nos émotions tout en ayant la juste distance permettant de ne pas en souffrir.
• Sourire génère des émotions positives de façon spontanée. C'est aussi un excellent vecteur social qui nous relie positivement aux autres.
• Accepter et tolérer ses émotions nous renvoie à notre humanité dans tout ce qu'elle comporte d'authenticité.

CHAPITRE 12

Comment rester vraiment connecté ? Entretenir ses relations sociales

Selon de nombreuses études, avoir une vie sociale augmente les chances d'être heureux[1]. Nous nous sentons plus forts pour dépasser des événements de vie difficiles lorsque nous sommes entourés. L'isolement augmente le risque suicidaire en cas de dépression. La solitude peut générer un stress qui aggrave les symptômes dépressifs qui en résultent. Les échanges sociaux par Internet, à distance, nous permettent-ils de créer des relations sociales satisfaisantes ?

Rester dans le lien social non virtuel

Le lien social permet de répondre à un besoin humain fondamental que l'on a abordé dans la première partie de ce livre : le besoin d'appartenance. Chacun d'entre nous ressent le besoin d'appartenir à un couple, à une famille, à un groupe, à une école, à une entreprise… C'est pourquoi de nombreuses personnes peuvent souffrir de ne pas être en lien. Cela dit, le besoin d'appartenance n'est que la conséquence d'un besoin primaire chez le nourrisson : l'attachement.

L'attachement correspond à la nécessité chez l'enfant de trouver une relation de proximité et de confiance avec un adulte qui répond de façon cohérente à ses besoins : un *care-giver*, celui qui prend soin de lui.

Ces premières expériences d'attachement conditionnent son développement physique, psychologique et social. Ainsi, il existe plusieurs types d'attachement en fonction de la qualité des soins établie et de la relation promulguée. Ceux-ci peuvent déterminer les comportements sociaux de l'enfant puis de l'adulte.

Lorsque nous nous attachons à quelqu'un, nous sécrétons cette hormone dont nous avons déjà parlé : l'ocytocine.

Impliquée dans l'accouchement, elle a sa part de responsabilité dans la survie de l'espèce dans le sens où elle favorise le contact, les échanges sociaux et certains phénomènes de solidarité, d'altruisme à l'intérieur d'un groupe.

L'injection d'ocytocine dans le cerveau d'un mammifère produit une baisse de la tension artérielle, de l'agressivité, augmente donc la sociabilité, l'appétit et la résistance à la douleur. Chez l'être humain, l'inhalation d'ocytocine permettrait d'augmenter un état de confiance à l'égard d'autrui[2].

On peut se demander aujourd'hui si les contacts virtuels peuvent également activer la production de cette hormone.

Certaines études précisent que la production d'ocytocine peut être déclenchée par le contact physique ainsi que par la voix[3]. Mon amie Agnès Augé, qui travaille sur tous les aspects psychophysiologiques de la voix, écrit à quel point notre voix reflète nos émotions et est un vecteur fondamental du lien à l'autre[4].

Ainsi, les échanges virtuels se limitant à l'écrit ne semblent pas pouvoir déclencher la production d'ocytocine qui favorise le lien et l'attachement à autrui. Pour se sentir en lien, il paraît essentiel d'être en contact physique et/ou vocal.

Sans bannir les échanges par mails ou par SMS, nous pourrions les considérer comme des médias intermédiaires de communication, qui pallient les moments où nous ne sommes plus en contact réel avec autrui. Mais en aucun cas ils ne devraient remplacer les rencontres réelles avec nos proches. Je ne crois pas que le lien et l'attachement puissent durer dans le temps si nous limitons les contacts sur un mode virtuel.

Il se passe quelque chose dans un contact réel qui ne peut être reproduit dans un échange virtuel.

Imaginez la dernière fois que vous avez vu votre meilleur(e) ami(e). Visualisez où vous étiez, ce que vous avez fait, ce que vous vous êtes raconté. Que ressentez-vous en y repensant ? Probablement une émotion, plus ou moins agréable en fonction de la situation mais vous pouvez garder le souvenir d'une émotion.

Imaginez maintenant le dernier échange de mail ou de SMS avec cet(te) ami(e), ce que vous vous êtes raconté. Que ressentez-vous en y repensant ? Il est possible que vous ressentiez aussi une émotion selon les propos tenus, mais est-elle à votre avis de la même intensité ?

Nous avons tendance à échanger, par mail ou par SMS, plutôt des messages informatifs, relatant des faits, des actions. Même si les adolescents utilisent aussi de plus en plus l'écrit pour se confier, pour parler de leurs émotions, je ne suis pas certaine qu'ils se disent ou qu'ils vivent la même chose que lors d'un échange verbal.

Même si nous utilisons des onomatopées pour exprimer nos émotions à l'écrit, nous ne pouvons pas vivre sur le plan sensoriel la même expérience que lorsque nous rions avec nos amis, lorsque nous nous parlons plus intimement et spontanément.

Jamais un SMS ne pourra supplanter la chaleur humaine d'une rencontre physique ! Cela dit, si les échanges écrits sont profonds, ils révèlent nos émotions ou favorisent les confidences, ils sont source de beaucoup de satisfactions et peuvent pérenniser des liens. Mais l'écrit ne peut être qu'un palliatif au rapprochement physique, véritable ciment relationnel.

Voyez ce qu'en dit par exemple Victor Hugo à sa maîtresse Juliette Drouet : « Je vous aime, mon pauvre ange, vous le savez bien, et pourtant, vous voulez que je vous l'écrive. Vous avez raison. Il faut s'aimer, et puis il faut se le dire, et puis il faut se l'écrire, et puis il faut se baiser sur la bouche, sur les yeux, et ailleurs. »

Ainsi, si vous remarquez que votre agenda ne comporte plus de rendez-vous amicaux, rencontres sociales en tout genre, demandez-vous si vous n'avez pas substitué le lien social virtuel au lien social réel. Demandez-vous également si vous êtes plus heureux, si vous vous sentez sûr d'être entouré de vos amis.

En conservant des liens sociaux réels, notre besoin d'attachement est satisfait et nous sécurise. Nous pouvons ainsi nous sentir plus confiants dans notre vie.

L'altruisme et la gratitude

Madeleine est la doyenne de mes patients. Elle est venue trouver du soutien auprès de moi alors que son mari Antoine était gravement malade. J'avais accompagné son mari pendant plusieurs mois avant qu'il ne puisse plus se déplacer et soit souvent hospitalisé jusqu'au jour où j'ai appris sa mort.

Il ne m'est pas du tout habituel d'apporter mon aide à deux personnes de la même famille, mais les circonstances ont fait que cela nous est apparu, à Madeleine et à moi, comme la meilleure solution. Sachant que je connaissais son mari, sans doute pouvait-elle évoquer avec moi son souvenir plus facilement.

Si je décide de partager l'histoire de ce couple, c'est qu'elle m'a particulièrement émue et humainement appris.

Antoine fut un exemple d'humilité et de courage devant la maladie. Il n'a jamais perdu son humour, qui devenait de plus en plus pinçant au fil du temps. Sa fin de vie fut calme et paisible. Il me disait combien il était rassuré par la présence de sa femme au quotidien, il ne tarissait pas d'éloges à son propos. Chaque fois qu'il évoquait leur rencontre ou le souvenir d'un lieu symbolique de leur histoire, ses yeux brillaient et son visage était rayonnant. Il n'a cessé de la remercier pour tout ce qu'elle avait fait pour lui.

Madeleine en faisait de même à son sujet. Elle lui a souvent dit qu'elle a eu une vie formidable à ses côtés. Ils ont connu pourtant un malheur terrible dans leur vie en perdant un enfant quelques mois après sa naissance, mais ils se sont apporté un soutien indéfectible.

Je pense que la gratitude que ressentait et exprimait Antoine à sa femme, à ses filles, à son petit-fils, aux soignants de l'hôpital et à bien d'autres peut-être a grandement contribué à la tranquillité psychique qui l'a caractérisé sur sa fin de vie.

Aujourd'hui, la gratitude que Madeleine exprime à propos de son mari, malgré sa disparition, auprès de sa famille ou de ses amis ainsi que l'altruisme qu'elle manifeste auprès de ses voisins, influencent considérablement ses émotions et le deuil qu'elle est en train de vivre. Quelques mois après le décès de son mari, elle a ressenti le besoin de retourner voir les soignants de son mari pour les remercier encore une fois et leur parler. Là, elle a vu que les aquarelles qu'elle avait peintes et offertes au service hospitalier (selon la volonté de son mari) étaient affichées dans les couloirs. Elle m'a raconté combien les soignants étaient émus de la revoir, combien ce partage d'émotions fut réconfortant pour elle comme pour eux.

➤ *Qu'est-ce que l'altruisme et la gratitude ? En quoi peuvent-ils améliorer nos vies ?*

La notion d'altruisme est présente dans de nombreuses religions, en philosophie, en ethnologie et de plus en plus étudiée en psychologie.

Dans la religion catholique, Jésus dit : « Tu aimeras ton prochain comme toi-même » (Mt 22, 37-39) ; dans le Coran, nous pouvons lire : « Agissez avec bonté envers [vos] père et mère, les proches, les orphelins, les pauvres, le proche voisin, le voisin lointain, le collègue et le voyageur, et les esclaves en votre possession, car Dieu n'aime pas, en vérité, le présomptueux, l'arrogant » (sourate 4, verset 36) ; dans la religion bouddhiste, il est enseigné que Bouddha a donné à une mère tigre affamée ne pouvant pas allaiter ses petits, un lambeau de sa propre chair. L'altruisme peut se définir comme un don de soi, comme la faculté de commettre un geste pouvant apporter un bénéfice à autrui sans attente de retour. C'est un acte simple parfois comme porter les courses de votre voisine âgée pour monter les escaliers, mais cela peut être un acte fort comme donner un organe à un membre de sa famille atteint d'une grave maladie.

Cette notion est souvent discutée dans la mesure où l'altruisme a des effets positifs aussi sur l'altruiste, qui peut ne plus être perçu comme tel. Il peut être taxé par les plus dédaigneux d'égoïste. Cette discussion ne me paraît pas très utile dans la mesure où l'on perd du temps à juger la situation et les protagonistes. Quoi qu'il en soit, l'altruisme apporte du bonheur à celui qui reçoit autant qu'à celui qui donne et c'est déjà là l'essentiel. Cela dit, une façon de déjouer cette critique serait de rendre des services anonymes. Il n'y aurait aucun retour possible de celui qui reçoit.

Lorsqu'on agit de façon altruiste envers autrui, nous recevons généralement une certaine forme de reconnaissance de la part du destinataire. Il nous fait part de sa gratitude en nous remerciant ou en nous donnant en retour. C'est la loi de l'échange et de la réciprocité. Cela ne signifie pas qu'en recevant nous sommes tenus de donner, c'est simplement naturel – socialement parlant – de maintenir une équité des échanges. Cela coordonne les relations humaines depuis la nuit des temps.

Exercice pour estimer votre fibre altruiste

Vous souvenez-vous de la dernière fois que vous avez fait un acte altruiste ? Décrivez ce souvenir en quelques lignes :

....

....

....

....

Qu'avez-vous ressenti sur le moment ?

....

....

....

Que ressentez-vous encore aujourd'hui en vous en souvenant ?

....

....

....

Lorsque, étudiante, je travaillais à l'hôpital comme agent de service hospitalier auprès de personnes âgées, leur gratitude s'exprimait verbalement par des mercis ; des gestes comme une main sur la mienne, une bise ou encore des petits présents comme le bonbon vichy ou menthol, la pomme récupérée du repas… il paraissait insensé de refuser le seul moyen qu'il restait à ces personnes d'exprimer leur gratitude et ainsi de nous donner en retour quelque chose d'elles. À l'époque où je travaillais dans les services gériatriques d'un hôpital public, cette loi des échanges dons/contre-dons gouvernait les rapports humains, jamais la notion d'argent ne l'affectait. Aujourd'hui, le calcul au plus juste du travail de chacun et l'augmentation des frais médicaux conduisent les gens à entrer dans un rapport coût/bénéfice qui nuit à l'équilibre des échanges non mercantiles. Par conséquent, l'argent peut entraîner un déséquilibre des échanges humains basiques.

La gratitude est, selon Robert Emmons, grand spécialiste de la gratitude dans le courant positiviste de la psychologie, l'expression d'une reconnaissance, de l'appréciation d'une situation et de son émerveillement[5]. Elle permet de mieux saisir et vivre les situations heureuses ou positives. Ainsi, l'effet sur notre humeur est incontestable. Emmons a mené une étude, avec son collègue Mike McCullough, cherchant à mesurer l'impact de la gratitude sur notre niveau de bonheur et sur la santé au quotidien. Elle porta sur trois groupes durant dix semaines.

➤ *L'expérience de R. Emmons*

Le premier groupe avait pour consigne d'énumérer au moins cinq faits survenus dans la semaine précédente leur inspirant de la gratitude. Le deuxième groupe devait au contraire noter cinq tracas durant cette même semaine et enfin un groupe témoin décrivait cinq événements ou circonstances les ayant marqués, qu'ils soient positifs ou négatifs.

Les résultats ont démontré que les participants au groupe gratitude se sentaient dans la vie plus optimistes sur l'avenir que le groupe tracas et le groupe témoin. Leur niveau de bonheur mesuré était de 25 % supérieur aux autres participants et ils ressentaient moins de symptômes de maladie. En moyenne, les participants du groupe gratitude passaient une heure et demie sur l'observation des situations inspirant de la gratitude.

La gratitude a un effet significatif sur les émotions positives et la fréquence de ce sentiment influe sur ses effets. En d'autres termes, plus nous ressentons et exprimons de la gratitude, plus nous ressentons d'effets positifs sur notre humeur et notre santé au quotidien.

Exercice pour cultiver la gratitude

Tous les soirs ou tous les matins, comme un rituel, vous pouvez réfléchir à ce pour quoi ou à qui vous pourriez dire merci. Cela peut concerner des choses très superficielles comme des choses plus profondes.
Vous pouvez vous le formuler dans votre tête ou bien tenir un petit journal de gratitude.
Ensuite, lorsque vous vous sentez prêt, vous pouvez l'exprimer oralement à la personne concernée si cela s'adresse à quelqu'un ou même à quelqu'un d'autre pour débuter. Le principal est d'être sincère et authentique. Exprimer de la gratitude sans la ressentir n'aurait pas beaucoup d'effet.

Exemple :
Aujourd'hui, je ressens de la gratitude envers l'assistante maternelle de ma fille qui après quinze jours de vacances la retrouve avec beaucoup de joie et d'affection. Lorsque j'ai vu ma petite fille courir vers sa nounou, j'ai ressenti qu'elles avaient un lien très sécurisant pour elle et cela m'a remplie de joie.
La deuxième étape est de l'exprimer à la nounou : « Merci pour ce que vous apportez à ma fille, je vois combien elle est attachée à vous et c'est très sécurisant, pour elle comme pour moi. »

Cultiver sa vie affective

Nous sommes plus heureux lorsque nous entretenons des relations intimes et agréables avec nos proches. Les conflits conjugaux, familiaux ou amicaux sont sources de stress pouvant conduire à des accès dépressifs.

Certaines personnes pensent que si la relation avec leur conjoint (enfant ou ami) se passe mal, c'est un fait auquel on ne peut remédier. D'autres peuvent avoir tendance à accuser les autres pour éviter de se remettre en question. Enfin, il arrive que l'on fuie les conflits en boudant et qu'il soit ainsi difficile de se réconcilier.

Toutes ces attitudes sont apprises du passé. Elles ont même pu être fonctionnelles par moments. Mais lorsque cela nuit à la relation que l'on entretient dans le présent, il paraît pertinent de chercher des attitudes plus adaptées à la situation. Notre vie affective est comme un jardin que l'on doit cultiver pour que les mauvaises herbes n'envahissent pas les plantations et que les différentes espèces puissent vivre en harmonie.

Nous ne pouvons pas empêcher que poussent des mauvaises herbes, mais nous pouvons anticiper leur apparition ou les traiter quand elles font surface.

Le conflit, la mauvaise herbe des rapports humains, est inévitable. Cela manifeste nos différences. Si nous ne sommes jamais en conflit, il est possible que nous ne disions pas réellement ce que nous pensons, que nous nous taisions de peur d'être rejeté.

Or le conflit n'est qu'un désaccord. Si nous n'en avons pas peur, il peut nous permettre d'échanger pour nous mettre d'accord. Pour cela, la priorité est d'écouter sans jugement l'avis de l'autre. Chacun a le droit de penser ce qu'il pense. Personne ne détient la vérité, n'a raison ni tort. Nous sommes tous différents, avons vécu des histoires différentes qui nous ont amenés à penser ce que nous pensons. C'est comme ça, nous devons accepter ces différences pour dialoguer sereinement avec les autres.

➤ *L'équation de l'écoute*

Écouter l'autre est une manière de cultiver ses relations. Mais qu'est-ce qu'écouter ?

Je vais commencer par définir l'écoute par ce qu'elle n'est pas.

L'écoute n'est pas un jugement moral : il n'y a pas de raison de dire à quelqu'un « ce n'est pas bien d'agir ainsi » ou même « c'est très bien, tu as raison de faire ainsi ».

L'écoute n'est pas un conseil : les conseils ne valent que pour celui qui les prodigue.

L'écoute n'est pas une interprétation : interpréter serait prendre le risque de comprendre d'un seul point de vue et déformer ce que notre interlocuteur nous dit.

L'écoute ne revient pas à minimiser, à dédramatiser ni à banaliser les propos de notre interlocuteur : les phrases réconfortantes telles que « ce n'est pas grave », « ça va passer, ne t'inquiète pas » peuvent réconforter davantage l'écoutant que l'écouté !

Ainsi, l'écoute serait une façon de prendre les propos de notre interlocuteur tels qu'ils sont, d'accepter ce qu'il pense sans chercher à le juger. Écouter, c'est avant tout chercher à comprendre l'autre, en se mettant à sa place, et lui manifester notre compréhension. Ainsi, nous pouvons reformuler ses propos pour nous assurer d'avoir compris et lui montrer notre intérêt et notre ouverture.

On obtient l'équation suivante :

écouter = comprendre = reformuler.

Par conséquent, lorsque vous voulez écouter, vous pouvez vous concentrer en premier lieu sur votre compréhension de l'autre, pas sur ce que vous pensez de ce qu'il dit !

Ensuite, vous pouvez lui répondre : « Si je comprends bien ce que tu me dis... », suivi de ce que vous en avez compris. En vous efforçant de commencer votre phrase de cette façon, vous focalisez votre attention sur cette compréhension.

En reformulant, vous travaillez votre capacité à vous mettre à la place de l'autre, à comprendre et ressentir ses émotions, ses croyances et ses comportements.

L'empathie est une aptitude humaine universelle, relativement primitive qui joue un rôle important dans l'évolution de l'espèce. En étant sensible à la détresse ou la douleur de quelqu'un d'autre, l'homme a pu se protéger. La douleur peut être considérée comme un stimulus aversif qui nous apprend à éviter les situations de danger et de détresse.

Lorsqu'on présente à des personnes des images qui suggèrent qu'une autre personne a mal, un tiers des personnes ressent une douleur au même endroit de leur corps (empathie sensorielle), deux tiers sont perturbées mais ne ressentent pas elles-mêmes la douleur (empathie affective[6]). En effet, les dernières recherches sur les neurones miroirs montrent que, lorsque nous observons le comportement ou les émotions de quelqu'un, les mêmes neurones en nous déchargent comme si nous étions en train d'accomplir ce même comportement ou de ressentir la même émotion[7].

Il ne s'agit pas de souffrir avec l'autre mais de le comprendre tout en prenant une distance vis-à-vis de cette souffrance.

Dans tous les rapports humains, il me paraît fondamental de cultiver cette empathie car elle peut limiter les réactions agressives, augmenter des comportements solidaires et favoriser des liens durables et sereins.

L'écoute et la reformulation permettent d'entretenir cette empathie.

➤ *Se toucher pour se lier*

Comme nous avons déjà pu le voir, notre cerveau sécrète un neurotransmetteur qui favorise les liens : l'ocytocine. Nous avons vu qu'il se déclenchait par le toucher et par la voix.

Les personnes atteintes d'autisme, dont une des particularités est d'avoir des difficultés à être en lien à l'autre, sont ultrasensibles au toucher et l'évitent autant que possible. Une étude récente démontrerait une amélioration des comportements d'approche sociale chez des autistes présentant un syndrome d'Asperger (autisme de haut niveau) à qui ont été prescrites des inhalations d'ocytocine[8].

Nous avons besoin de nous toucher pour nous lier et entretenir des relations agréables.

Annie et François sont venus me rencontrer pour entreprendre une thérapie de couple. Mariés depuis quinze ans, ils se sont éloignés l'un de l'autre et s'agacent de plus en plus. Comme pour beaucoup

de couples, les qualités reconnues au début de la relation et qui ont probablement séduit l'autre sont devenues des défauts au fil du temps. Ils se reprochent ce qu'ils ont tant aimé par le passé ! Comment s'est effectué ce revirement ? Annie et François travaillent beaucoup tout en s'occupant de l'éducation de leurs trois enfants. Leur vie est rythmée par l'organisation familiale : c'est Annie qui emmène les enfants le matin et les récupère le soir, elle a adapté son emploi du temps. François gère plutôt les courses et les lessives. Une femme de ménage s'occupe de l'entretien de la maison. Ils ont un planning pour gérer leur quotidien et leur vie sociale. Il y a peu de place pour l'imprévu. La première fois que je les rencontre, je leur demande comment ils ont géré leur couple puisqu'ils semblent efficaces pour gérer tout le reste. Ils n'avaient pas inclus ce paramètre dans leur gestion !
Affairés à contrôler leur quotidien, ils n'avaient plus de temps pour leur couple. Ils ne s'embrassaient plus le matin pour se dire bonjour ni avant de partir de la maison. Lorsqu'ils regardaient la télévision ensemble (chose exceptionnelle), ils étaient assis chacun à un bout de l'immense canapé qu'ils avaient acheté pour avoir chacun leur méridienne. Ils marchaient dans la rue sans se tenir la main. Les seuls rapprochements physiques engageaient une relation sexuelle si bien qu'Annie ne se sentait plus qu'un objet sexuel. Elle a fini par mettre une distance, François ne supportant plus d'être rejeté en a fait de même et cela les a conduits à diminuer dramatiquement leurs échanges tactiles. Un des aspects de la thérapie a consisté pour eux à réapprendre à se toucher sans rapport sexuel. À réinitialiser une sensualité entre eux. Progressivement, ils ont essayé de s'asseoir l'un à côté de l'autre sur cet immense canapé, de faire en sorte que leurs corps se touchent dans leur lit, de s'embrasser, se tenir la main... En étant plus proches, ils ont pu davantage se parler et être plus tolérants l'un envers l'autre.

La façon dont nous avons été touchés, portés, cajolés lorsque nous étions enfants va influencer notre besoin et notre aptitude au toucher.

C'est *in utero* que ce sens commence à se développer avant la huitième semaine de gestation. En naissant, nous découvrons le monde à travers le toucher. L'enfant touche sa mère, celle-ci le touche pour le rendre vivant et rassuré par ce contact, il peut découvrir le monde. En vieillissant, le toucher prend une place prépondérante lorsque les autres sens se sont émoussés. Pour avoir accompagné des personnes âgées au seuil de la mort, je peux témoigner de ce besoin fondamental d'être touché, tenu par la main, accroché à quelqu'un pour traverser cette inconnue. Du côté de l'accompagnante que j'étais, je n'avais plus les mots suffisants, seuls mes gestes, mes caresses pouvaient aussi me rassurer d'apporter un soutien et, je l'espère, sécuriser mon patient.

Certaines personnes considèrent qu'elles n'éprouvent pas le besoin de toucher ni d'être touchées, mais probablement n'ont-elles jamais ressenti ce que cela pouvait leur faire vivre de rassurant et de plaisant. Je crois qu'il n'est jamais trop tard pour faire cette expérience savoureuse du toucher.

Pourquoi ne pas commencer par des massages ?

Le massage fait partie intégrante de certaines cultures orientales. Les bébés sont massés dès leur naissance et conserveront ce rituel de bien-être tout au long de la vie.

Il existe de nombreuses formes de massages que je n'énumérerai pas ici, mais tous ont un point commun : favoriser le bien-être physique et mental. Les massages ont des effets positifs sur la posture du corps, sur le fonctionnement de l'ensemble de l'organisme, sur les plans psychomoteur et psycho-émotionnel.

En dehors du massage, des gestes simples comme prendre la main, une main dans le dos, embrasser peuvent apporter beaucoup de réconfort à autrui.

Dans le sens littéral du terme, embrasser, c'est mettre à l'intérieur des bras et par extension donner un baiser.

Le symbole vivant de l'importance du toucher et de l'étreinte est une mahatma indienne nommée Amma. Elle parcourt son pays et le monde depuis plus de trente ans pour délivrer un message de paix et faire connaître son ONG Embracing the world. Elle organise des meetings dans lesquels elle enlace les gens venant à sa rencontre : c'est le *darshan* (traduit par « étreinte »). Amma incarne, dans la tradition hindouiste, la mère divine qui délivre les êtres de toute affliction.

Ce geste simple de prendre un ami ou son enfant dans ses bras est très apaisant et sécurisant. Il réactive les expériences sensorielles que nous avons pu avoir avec ceux qui se sont occupés de nous (parents, famille, nounou...). Les enfants ne s'arrêtent-ils pas de pleurer lorsque nous les enlaçons et que nous leur parlons tout bas ?

Pour conclure, le toucher est à la fois un moyen de favoriser son bien-être en entretenant une bonne relation à nous-même et une façon de potentialiser le lien à l'autre. Si vous vous sentez capable d'augmenter vos échanges tactiles avec vos proches, n'hésitez pas. Vous sentirez alors combien cela vous rapproche physiquement, bien sûr, mais aussi psychologiquement. Le toucher crée une intimité unique qui favorise le maintien du lien.

Ce que vous pouvez retenir du travail sur la relation à l'autre

• Le virtuel ne suffit pas à la consolidation des liens sociaux. Nous avons besoin d'échanger réellement des regards, des émotions, des pensées et aussi des gestes pour maintenir des liens.

• La gratitude est une formidable occasion de faire reconnaître aux autres ce qu'ils nous apportent. Elle équilibre les relations et nous place dans une dimension d'échange social où nous pouvons autant donner que recevoir.

• L'altruisme nous ouvre aux autres grâce à l'écoute et nous empêche de vivre de manière égocentrée. Il est ce qui nous conduit à respecter les différences en chacun et nous permet de vivre ensemble sereinement. Développer son altruisme c'est devenir plus tolérant envers nos semblables.

CHAPITRE 13

Comment prendre du recul ? Façonner sa spiritualité

Pourquoi parler de spiritualité dans un ouvrage de psychologie plutôt pragmatique et rationnel ? Nous ne pouvons pas limiter la connaissance du fonctionnement humain à ses aspects rationnels. L'homme n'est pas une machine, il est un être qui ressent plus qu'un être pensant. Rechercher sa spiritualité n'a rien à voir avec la religion, à mon sens. C'est surtout une réflexion sur la place que nous occupons dans le monde ou même au sein de l'univers. Pour cela nous avons besoin de nous connecter fondamentalement à nous-même (identifier nos besoins, nos priorités, nos valeurs), mais aussi de nous sentir relié au monde qui nous entoure (l'ensemble de la nature).

C'est pourquoi je pense que la notion de développement personnel doit être redéfinie, dans le sens où nous n'évoluons jamais seuls mais toujours en interaction avec notre milieu.

Cette spiritualité laïque est un support pour donner du sens à l'existence humaine en général et au sens que l'on accorde à notre vie personnelle en particulier. S'épanouir psychologiquement ne peut être détaché de la sphère sociale et environnementale.

L'évolution humaine fait partie intégrante de l'univers.

Travailler ses priorités et le sens de sa vie

> « En vérité, les hommes se donnèrent eux-mêmes tout leur bien et leur mal... C'est l'homme qui mit des valeurs dans les choses, afin de se conserver – c'est lui qui créa le sens des choses, un sens humain. »
>
> Friedrich NIETZSCHE, « Mille et un buts », *Ainsi parlait Zarathoustra,* 1883.

Il est fréquent de penser que l'homme pense et agit en direction de ce qui le motive et donne sens à sa vie.

Il n'est pas toujours aisé de déterminer ce qui donne sens à notre vie. La société nous influence beaucoup en nous offrant des normes ou des modèles reposant sur des valeurs externes comme la réussite sociale, le gain financier, la beauté physique. Les motivations plus internes telles que la santé, les relations sociales, la réalisation de soi garantiraient davantage le degré de bien-être selon une étude de l'Université de Rochester, réalisée auprès de 147 étudiants, interrogés un an avant leur diplôme et un an après leur insertion dans la vie professionnelle. Les étudiants habités par une motivation extrinsèque (comme devenir riche) étaient généralement plus malheureux après leur insertion professionnelle qu'avant, même lorsqu'ils avaient atteint leur objectif. En revanche, les étudiants mus par des motivations intrinsèques (comme veiller à leurs proches, à leur santé, à développer des compétences ou leurs relations avec autrui) ont ressenti une augmentation de leur bien-être à mesure qu'ils atteignaient ces objectifs[1].

Que signifie le sens de la vie ?

La notion de sens couvre trois plans :

– Quelle valeur (à l'origine) ? Autrement dit, quelle raison, quel fondement a ma vie ?

– Quelle signification (dans le présent) ? Ou quel signifiant, quelle compréhension ai-je de ma vie ?

– Quelle direction (vers le futur) ? C'est-à-dire pour quelle fin (but, terme), par quelle évolution va ma vie ?

Cette question métaphysique du sens de la vie est, selon certains philosophes, inhérente à l'être humain. Les enfants posent des questions existentielles très jeunes et leur belle naïveté les conduit à interroger profondément les choses de la vie.

Comment définir ce qui donne précisément sens à notre vie ?

Je vous propose un petit exercice qui pourrait vous aider à saisir le sens de votre vie.

Petit exercice sur le sens de votre vie

Trouvez un endroit calme et prenez environ dix à quinze minutes.
Effectuez les étapes les unes après les autres.

1. Fermez les yeux et visualisez-vous ici et maintenant, l'endroit dans lequel vous êtes, ce qui vous entoure, observez la façon dont vous êtes installé, votre respiration. Faites venir une image de vous-même, à votre âge actuel. Puis essayez de ressentir ce qui compte le plus à vos yeux aujourd'hui. Cela peut être une ou plusieurs choses et notez-le dans votre tête ou sur ce livre :

....

....

....

2. Maintenant, fermez à nouveau les yeux. Vous allez pouvoir remonter le temps jusqu'à votre enfance, autour de l'âge de 10 ans. Cela peut être quelques années plus tôt ou plus tard, mais visualisez l'enfant que vous étiez. Laissez venir une image de cet enfant, essayez de laisser revenir les moindres détails de cette image. Essayez de ressentir ce qui comptait le plus à vos yeux à ce moment-là. Cela peut être une ou plusieurs choses et notez-le dans votre tête ou sur ce livre :

....

....

....

3. Maintenant, à nouveau les yeux fermés, vous allez pouvoir faire un bond dans l'avenir jusqu'à vos 80 ans. Essayez de

vous visualiser à cet âge-là, de laisser venir une image de votre vieillesse. Essayez de ressentir ce qui pourrait le plus compter à vos yeux à ce moment-là. Cela peut être une ou plusieurs choses et notez-le dans votre tête ou sur ce livre :

....

....

....

4. Enfin, revenez ici et maintenant à votre âge, dans cet endroit précis que vous avez choisi pour faire cet exercice, observez le rythme de votre respiration et observez ce que vous êtes en train de penser à l'issue de cet exercice. Notez-le dans votre tête ou sur ce livre :

....

....

....

....

Quelques questions peuvent vous aider à la réflexion :

- Pensez-vous aujourd'hui que votre vie se dirige vers ce qui a compté, ce qui compte et ce qui comptera le plus à vos yeux ?
- Existe-t-il un fil conducteur ou encore un dénominateur commun entre votre passé, votre présent et ce que vous vous représentez de votre avenir ?
- Qu'est-ce qui vous empêche de reprendre la direction de votre vie si vous vous apercevez que votre vie d'aujourd'hui ne correspond pas à vos aspirations ?

Le progrès, tel que nous l'avons parfois décrit dans ce livre, contraint l'humain à accélérer son rythme, à développer des comportements conformistes sans prendre réellement conscience de ce qu'il fait. Influencé par la norme sociale et l'attrait des nouveautés, il peut mettre de côté ses propres besoins et désirs.

Au cours de mes consultations, je rencontre des personnes qui sont passées à côté d'elles-mêmes si bien qu'elles peuvent même avoir perdu de vue leur liberté.

Lorsqu'elles se libèrent des comportements inutiles à leur vie et qu'elles reviennent à l'essentiel pour elles (leurs priorités), elles retrouvent enfin qui elles sont.

Définir sa philosophie de vie

> « Je ne vois nulle part de situation permanente, stable, immuable, telle qu'on puisse demeurer éternellement dans la même condition. »
>
> BOUDDHA, Alagaddûpama-sutta.

La philosophie de vie est une croyance sur le monde, une perception que nous pouvons avoir de la vie. Elle peut être influencée par nos expériences de vie mais aussi nos rencontres, nos lectures…

Comment pourrions-nous décider de percevoir le monde qui nous entoure pour qu'il ne soit plus autant source de stress ou d'inquiétude ?

Je vous propose une perception, à vous de voir si elle vous inspire.

La vie peut être vue comme un jeu de hasard dans le premier sens du terme, c'est-à-dire comme une chance. On joue une partie de vie : on sait d'où l'on part et bien sûr on connaît la fin. Au cours de la partie, nous pouvons maîtriser certaines directions, mais nous sommes bien obligés d'accepter ce que le hasard nous donne.

La théorie du chaos en physique rejoint mon propos : il existe des systèmes dynamiques qui peuvent être très déterminés mais qui présentent des phénomènes d'instabilité qui vont les rendre imprévisibles. La vie est chaotique dans le sens où rien n'est prévisible, un changement minime peut avoir des conséquences majeures et inversement. Edward Lorenz a appelé cela l'« effet papillon ».

La nature et le vivant reposent en partie sur des contingences de l'évolution, c'est-à-dire des variables aléatoires. En biologie, les lois de l'hérédité sont liées au hasard. En médecine, de nombreuses maladies sont imprévisibles comme certains cancers.

Ainsi, même si nous pouvons maîtriser un certain nombre de facteurs dans notre vie, le hasard peut bouleverser la direction de nos désirs et de nos actes.

Croire au hasard, c'est se donner sans arrêt une chance d'évolution où l'on conjugue nos responsabilités dans nos actions avec les facteurs aléatoires de notre vie. C'est encore accepter ce qui se présente à nous, l'intégrer dans notre organisation interne et externe pour concevoir une nouvelle trajectoire.

En sciences mécaniques et physiques, il est une notion qui peut compléter cette pensée : celle du degré de liberté. De façon synthétique et simplifiée, c'est la capacité pour une particule appartenant à un système d'évoluer dans une direction non contrainte en fonction d'un paramètre.

Ainsi, l'homme évolue dans un système social qui l'influence obligatoirement (et *vice versa*), mais il peut agir de façon libre en fonction des paramètres qu'il rencontre.

Il existe un degré de liberté important dans nos vies, malgré les paramètres sociaux, éducatifs, financiers, politiques… car il y a des variables aléatoires. Il y a des déterminants, mais le résultat ne dépend pas de ceux-ci, une variable aléatoire peut changer le résultat.

Je me permets de prendre un exemple personnel. Issue d'une famille qui n'a pas fait d'études supérieures, je n'étais pas forcément déterminée à investir la sphère scolaire. Mes parents ont bien fait ce qu'ils ont pu, mais je n'étais pas une élève très motivée. Mon parcours scolaire fut d'ailleurs assez chaotique. Cela m'a valu de ne pas croire beaucoup en mon potentiel !

J'ai coutume de dire que je dois mon sauvetage à la rencontre avec mes deux meilleures amies Emmanuelle et Sophie.

Ainsi, au regard de la théorie du chaos, j'étais dans une trajectoire prédictible par de nombreux enseignants et conseillers d'orientation, mais le hasard a mis sur mon chemin une rencontre (variable aléatoire) qui a changé la dynamique de ma trajectoire. Personne, et surtout pas moi, n'aurait parié que je ferais des études supérieures, que j'aurais cette soif d'apprendre qui m'anime et me donne l'envie d'écrire. Cette expérience m'a amenée à croire que rien n'est jamais acquis. Depuis, d'autres variables aléatoires sont venues enrichir ma vie. Et demain, je ne sais pas encore ce qui m'attend…

L'homme est inscrit dans une relation dialectique avec le monde qui l'entoure, il influe sur ce qu'il observe.

Cette perception de la vie peut nous mettre en position d'égalité avec les autres éléments de la nature : nous participons à l'évolution de la vie comme les autres espèces vivantes. Si l'homme a développé son intelligence, sa communication et ses aptitudes sociales de façon exponentielle comparativement à certaines espèces, il n'en reste pas moins un être vivant parmi tant d'autres.

Se sentir appartenir au monde de la nature et à l'univers peut nous rendre plus humble et nous conduire à davantage la respecter, par conséquent à mieux nous respecter aussi.

Cette acceptation du hasard ne doit pas être comprise comme une forme de destin sur lequel nous n'aurions ni pouvoir ni maîtrise. Il ne s'agit pas de se déresponsabiliser face aux événements. Au contraire, je crois que nous pouvons trouver un équilibre entre acceptation et action.

Je crois même que nous pouvons gagner en acceptation si nous nous responsabilisons et agissons dans notre vie sociale et personnelle. En d'autres termes, plus nous participons à la vie sociale et économique, plus nous prenons conscience de nos moyens et de nos limites. Cela conduit à accepter davantage les événements improbables puisque nous savons que nous avons fait tout ce qui était en notre pouvoir pour avancer dans notre vie. La vie est faite d'incertitudes, rien n'est jamais déterminé et tout est imprévisible dans la mesure où nous sommes enclins à agir librement.

Pour conclure, il s'agit de sentir que nous avons la capacité d'agir sur notre vie mais aussi d'accepter qu'il existe des variables aléatoires. Cet équilibre entre le « hasard » et « moi » peut nous permettre de mieux saisir notre chance de vivre.

« L'homme sait enfin qu'il est seul dans l'immensité indifférente de l'Univers d'où il a émergé par hasard. Non plus que son destin, son devoir n'est écrit nulle part. »

Jacques MONOD, *Le Hasard et la Nécessité,* 1970.

Ce que vous pouvez retenir du travail sur le spirituel

• De façon universelle, nous éprouvons des désirs envers différentes choses et cela procure du plaisir et crée une motivation pour accepter de vivre des situations plus contraignantes ou douloureuses. Si la douleur est supérieure au plaisir de façon durable, nous risquons la dépression. Il est indispensable de reconnaître ses désirs, de répondre à ses besoins pour trouver un équilibre psychologique.

• Connaître ses priorités est ainsi indispensable pour ne pas se laisser influencer par des valeurs sociales qui ne correspondraient pas à ce qui nous importe.

• En tant qu'être pensant, nous pouvons réfléchir à ce qui donne sens à notre existence. Mais cela ne peut être fait de façon égocentriste sous peine de nier l'environnement qui nous entoure dont nous avons tous besoin pour vivre. Se sentir heureux et s'épanouir personnellement sont indissociables du social et de la nature.

• Accepter les variables aléatoires de notre vie est un moyen formidable de saisir la chance qui nous est donnée de vivre et de créer notre propre destinée.

Conclusion

Dans une société en crise, nous désirons tous être heureux. Le risque est de rechercher un bonheur personnel sans prendre en compte les dimensions sociales, environnementales et universelles. L'individu souffre généralement du déséquilibre de ses émotions, de la rigidité de ses pensées, de la fixation dans sa mémoire de souvenirs douloureux mais aussi d'un manque d'harmonie avec ce qui l'entoure.

Sur un plan personnel, nous pouvons penser que ce qui nous rend plus heureux est d'être en cohérence avec ce que l'on ressent, ce que l'on pense, ce que l'on dit et ce que l'on fait.

C'est la notion de congruence, introduite par Gauss[1] et reprise en psychologie par Carl Rogers pour définir la correspondance exacte entre l'expérience et la prise de conscience. Cette congruence vient façonner notre authenticité et nécessite d'acquérir une bonne conscience et connaissance de soi.

J'étendrai la notion de congruence en proposant qu'elle s'adosse sur une cohésion avec notre milieu (le collectif et la nature).

Si les hommes n'avaient pas répondu à des désirs personnels et matériels de façon aussi outrancière, alors l'argent ne serait sans doute pas à l'origine de la crise mondiale que nous traversons. L'argent a biaisé les préceptes moraux qui organisaient les rapports humains et s'érige en valeur alors qu'il n'est qu'un moyen.

Les hommes se métamorphosent en modifiant leur environnement. Cela impacte consécutivement leur génétique. La machine remplace aujourd'hui l'homme dans de nombreuses actions et cela a des effets sur le cerveau humain. Nous assistons à une véritable mutation humaine. Il ne s'agit pas d'arrêter cette progression qui appartient sans aucun doute à l'évolution de l'espèce mais de prendre le temps de réfléchir à nos actions afin de rester maîtres de nos vies.

Restons confiants en cette évolution, car les connaissances de la biologie nous démontrent que toute espèce vivante finit par aller dans le sens de sa survie…

Pour vivre mieux dans un monde stressant, il n'appartient qu'à nous de remettre en question nos comportements, de s'interroger sur nos valeurs, d'accepter de ressentir nos émotions pour vivre en harmonie avec nos semblables et notre environnement. À l'issue de ce travail, nous nous rapprochons de notre liberté. Pas une liberté capricieuse où l'homme chercherait à ne répondre qu'à ses désirs. Mais la liberté au sens où nous choisissons nos actes, où nous ne pensons pas subir la vie mais exercer un libre arbitre tout en acceptant les limites liées à notre environnement (les autres et la nature). On atteint la liberté lorsque le point d'équilibre entre la réalisation personnelle en harmonie avec son milieu est trouvé.

Notes

PREMIÈRE PARTIE

Les changements sociaux et leur impact sur l'individu

CHAPITRE 1

Le changement est dans l'ordre des choses

1. Les thérapies cognitives et comportementales sont apparues dans les années 1960 et s'intéressent aux processus qui sous-tendent les liens entre ce que nous ressentons, ce que nous pensons et ce que nous faisons dans une situation donnée. Elles permettent de mieux comprendre ce fonctionnement et d'aider le patient à changer son rapport avec le contexte. Ainsi, ces thérapies permettent aux patients de mieux agir vers leurs buts en ayant acquis des moyens de gérer leurs émotions, leurs pensées et leurs comportements.

2. Interview de Lynn McTaggart dans la revue *Inexploré*, novembre 2012, hors-série n° 1.

CHAPITRE 2

Changement, stress, anxiété

1. Solomon Asch, « Opinions and social pressure », *Scientific American*, 1955, vol. 193, n° 5.

CHAPITRE 3
Du stress à l'anxiété

1. Servant Dominique, *Soigner le stress et l'anxiété par soi-même*, Paris, Odile Jacob, 2009.

2. C'est un trouble anxieux caractérisé par l'apparition de pensées obsédantes, généralement accompagnées d'angoisse, que le sujet va tenter de supprimer avec des compulsions ou des rituels comportementaux ou mentaux.

DEUXIÈME PARTIE
Les nouveaux comportements : l'ère de la toute-puissance

CHAPITRE 4
Les rencontres et les amitiés virtuelles

1. C'est un trouble anxieux caractérisé par une peur, une anticipation et une détresse intense face à des situations d'interaction sociale ou bien face au regard ou jugement d'autrui.

2. Gisèle George, *La Confiance en soi de votre enfant*, Paris, Odile Jacob, 2007.

3. Frédéric Fanget, *Affirmez-vous !*, Paris, Odile Jacob, 2002.

4. Les deux domaines restants sont : faire une critique et y répondre.

5. Lucy Vincent, *Comment devient-on amoureux ?*, Paris, Odile Jacob, 2004.

CHAPITRE 5
La communication omniprésente

1. Étude EMA conduite par Directinet pour le Syndicat national de la communication directe, échantillon de 1 000 individus représentatifs des internautes.

CHAPITRE 6
L'information illimitée

1. Nicholas Carr, *Internet rend-il bête ?*, Paris, Robert Laffont, 2011.

2. La mémoire de travail est une partie de notre mémoire à court terme qui maintient les informations qui vont nous être utiles pour réaliser des tâches quotidiennes comme

retenir un numéro de téléphone pour le composer, suivre une conversation, écrire un texte, calculer le montant de ses courses…

3. Betsy Sparrow, Jenny Liu, Daniel M. Wegner, « Google effects on memory : Cognitive consequences of having information at our fingertips », *Science*, 5 août 2011.

CHAPITRE 7

Superman au travail

1. L'IBM (indice de bonheur mondial) est calculé à partir de quarante critères (paix, sécurité, qualité de vie, etc.) pour évaluer le niveau de bonheur humain sur un plan mondial, puis par pays. En 2010, il avait baissé de 4 points par rapport à 2009, principalement en raison des catastrophes naturelles et de la crise. Ce sont la Suède et la Norvège qui détenaient en 2010 le score d'IBM le plus élevé au monde, l'Allemagne étant passée de la 11e à la 3e place. La France quant à elle se trouve au 11e rang (www.globeco.fr).

2. Robert Ladouceur, Lynda Bélanger, Éliane Léger, *Arrêtez de vous faire du souci pour tout et pour rien*, Paris, Odile Jacob, 2003.

3. Le *burn-out* se nomme en français « syndrome d'épuisement professionnel ». Il se traduit par une dépression et par des symptômes physiologiques et psychologiques importants.

4. Échantillon de 500 personnes, représentatif de la population résidant en France métropolitaine, âgée de 14 à 17 ans. Mesurée par la méthode des quotas. […] Enquête réalisée en ligne du 3 au 6 décembre 2010.

5. Olivier Maulini, *Qui a eu cette idée folle un jour d'inventer les notes à l'école ?*, 1996 (texte édité par l'association Agatha, en marge des deux débats organisés le 29 février 1996 : *Abolir la note à l'école : Quels effets ?* et *Des notes à l'école, pour quoi faire ?*, www.unige.ch).

6. *Ibid.*

7. Caroline Brizard, « Les notes à l'école, pour quoi faire ? », *Le Nouvel Observateur*, 16 novembre 2010.

8. Lucien Marbœuf, « Suicides, burn-out et malaise enseignant », blog L'instit'humeurs, 22 octobre 2011.

CHAPITRE 8

Contrôler son avenir

1. *Les Cahiers de nutrition et de diététique.*

2. Bertrand Quentin, « Comme tout le monde », *Gérontologie et société*, n° 138, p. 99-112.

3. Agence française de sécurité sanitaire des produits de santé.

4. Bernard Rimé, *Le Partage social des émotions*, Paris, PUF, 2005.

5. Paul Ekman, *Je sais que vous mentez. L'art de détecter ceux qui vous trompent*, Paris, Michel Lafon, 2010.

6. Thomas d'Ansembourg, *Être heureux, ce n'est pas nécessairement confortable*, Montréal, Québec, Éditions de l'Homme, 2004.

7. Vincent Cespedes, *Magique étude du bonheur*, Paris, Larousse, 2010.

8. Rhonda Byrne, *The Secret*, New York, Simon & Schuster, 2012.

9. J. Wood, W. Q. Perunovic, J. W. Lee, « Positive self-statements : Power for some, peril for others », *Psychological Science*, juillet 2009, 20, p. 860-866.

10. J. Wood, *Courrier de l'Escaut*, 6 juillet 2009, p. 9.

TROISIÈME PARTIE

Comment vivre mieux dans ce monde stressant

CHAPITRE 9

Comment rester maître de soi ? Agir sur ses comportements

1. Didier Pleux, *De l'adulte roi à l'adulte tyran*, Paris, Odile Jacob, 2012.

2. M.-H. Brousse, B. During, J.-M. Le Chevalier, M. Pradet, *Énergie et conduites motrices*, Paris, Insep, 1989.

CHAPITRE 10

Comment ne pas être ce que l'on pense ? Agir sur ses pensées

1. Martin Seligman, *La Force de l'optimisme*, Paris, InterÉditions, 2008.

2. Méthode présentée par Céline Baeyens, lors d'un atelier « Intervention sur les ruminations », au congrès Afforthecc, sur le thème psychopathologie cognitive et TCC, 7 juin 2012.

3. L'ACT est une méthode thérapeutique faisant partie de la troisième vague des thérapies cognitives et comportementales, qui a pour but d'aider le patient à accepter ses

émotions, à entretenir un autre rapport avec ses pensées afin de lui permettre de s'engager activement en direction de ses valeurs et besoins profonds.

4. Jean-Louis Monestès, *Faire la paix avec son passé,* Paris, Odile Jacob, 2009.

5. Pierre Philippot, *Émotion et psychothérapie,* Bruxelles, Mardaga, 2011.

CHAPITRE 11
Accepter ses émotions

1. Pierre Philippot, *Émotion et psychothérapie,* Bruxelles, Mardaga, 2011.

2. *Ibid.*

3. L. S. Greenberg, « Emotion-focused therapy : Coaching clients to work through their feelings », Washington, D.C., American Psychological Association Press, 2002.

4. Jon Kabat-Zinn, *Où tu vas, tu es,* Paris, Jean-Claude Lattès, 1994.

5. Bernard Rimé, *Le Partage social des émotions,* Paris, PUF, 2009.

6. David Foenkinos, *En cas de bonheur,* Paris, Flammarion, 2005.

7. Association francophone de formation et de recherche en thérapie cognitive et comportementale. Congrès de psychologie positive, Aix-les-Bains, 2-4 juillet 2009.

8. Yvon Saint-Arnaud, *La Guérison par le plaisir,* Montréal (Québec), Novalis, 2002.

9. Albert Bandura, *L'Apprentissage social,* Bruxelles, Mardaga, 1986.

CHAPITRE 12
Comment rester vraiment connecté ? Entretenir ses relations sociales

1. Actes du congrès de psychologie positive, Aix-les-Bains, 2-4 juillet 2009, conférence de Christopher Peterson.

2. M. Kosfeld, M. Heinrichs, P. J. Zak, U. Fischbacher, E. Fehr, « Oxytocin increases trust in humans », *Nature,* 2005, 435, p. 673-676.

3. Leslie J. Seltzer, Toni E. Ziegler et Seth D. Pollak, « Social vocalizations can release oxytocin in humans », *Proceedings of the Royal Society B*, 2010.

4. Agnès Augé, *Vivre mieux avec sa voix,* Paris, Odile Jacob, 2011.

5. Robert Emmons, *Merci ! Quand la gratitude change nos vies,* Paris, Belfond, 2008.

6. L. Pessoa, R. Adolphs, « Emotion processing and the amygdala : from a "low road" to "many roads" of evaluating biological significance », *Nature Reviews Neuroscience,* 2010, n° 11, p. 773-782.

7. Lynn McTaggart, « Cette science qui nous voit », revue *Inexploré*, novembre 2012, hors-série n° 1.

8. E. Andari, J.-R. Duhamel, T. Zalla, E. Herbecht, M. Leboyer, A. Sirigu, « Promoting social behavior with oxytocin in high-functioning autism spectrum disorders », *PNAS*, 2010.

CHAPITRE 13
Comment prendre du recul ? Façonner sa spiritualité

1. C. P. Niemiec *et al.*, « The path taken : Consequences of attaining intrinsic and extrinsic aspirations in post-college life », *Journal of Research in Personality*, 2009, vol. 43, p. 291-306.

Conclusion

1. Mathématicien que nous avons déjà cité, au sujet des émotions suivant une courbe de Gauss en forme de cloche.

Bibliographie

Andari E., Duhamel J.-R., Zalla T., Herbecht E., Leboyer M., Sirigu A., « Promoting social behavior with oxytocin in high-functioning autism spectrum disorders », *PNAS,* 2010.

Asch S., « Opinions and social pressure, *Scientific American* », 1955, vol. 193, n° 5.

Augé A., *Vivre mieux avec sa voix*, Paris, Odile Jacob, 2011.

Bandura A., *L'Apprentissage social*, Bruxelles, Mardaga, 1986.

Brousse M.-H., During B., Le Chevalier J.-M., Pradet M., *Énergie et conduites motrices*, Paris, Insep, 1989.

Byrne R., *The Secret,* New York, Simon & Schuster, 2012.

Carr N., *Internet rend-il bête ?,* Paris, Robert Laffont, 2011.

Cespedes V., *Magique étude du bonheur*, Paris, Larousse, 2010.

Cottraux J., *Les Thérapies cognitives et comportementales*, Paris, Masson, 2004.

D'Ansembourg T., *Être heureux, ce n'est pas nécessairement confortable*, Montréal (Québec), Éditions de l'Homme, 2004.

Des Isnards A., Zuber T., *Facebook m'a tuer*, Paris, NiL, 2011.

Ekman P., *Je sais que vous mentez. L'art de détecter ceux qui vous trompent*, Paris, Michel Lafon, 2010.

Emmons R., *Merci ! Quand la gratitude change nos vies*, Paris, Belfond, 2008.

Fanget F., *Affirmez-vous !*, Paris, Odile Jacob, 2011.

Foenkinos D., *En cas de bonheur*, Paris, Flammarion, 2005.

George G., *La Confiance en soi de votre enfant*, Paris, Odile Jacob, 2007.

Giust-Desprairies F., *Entre social et psychique : questions épistémiologiques*, Paris, L'Harmattan, collection « Changement social » (n° 14), 2009.

Greenberg L. S., *Emotion-focused Therapy : Coaching Clients to Work Through Their Feelings*, Washington, D.C., American Psychological Association Press, 2002.

Kabat-Zinn J., *Où tu vas, tu es*, Paris, Jean-Claude Lattès, 1994.

Kosfeld M., Heinrichs M., Zak P. J., Fischbacher U., Fehr E., « Oxytocin increases trust in humans », *Nature*, 2005, 435, p. 673-676.

Ladouceur R., Bélanger L., Léger E., *Arrêtez de vous faire du souci pour tout et pour rien*, Paris, Odile Jacob, 2003.

Marbœuf L., « Suicides, burn-out et malaise enseignant », blog L'instit'humeurs, 22 octobre 2011.

Maulini O., *Qui a eu cette idée folle un jour d'inventer les notes à l'école ?*, 1996. Texte édité par l'association Agatha, en marge des deux débats organisés le 29 février 1996 : *Abolir la note à l'école : Quels effets ?* et *Des notes à l'école, pour quoi faire ?* (www.unige.ch).

Monestès J.-L., *Faire la paix avec son passé*, Paris, Odile Jacob, 2009.

Niemiec C. P. *et al.*, « The path taken : Consequences of attaining intrinsic and extrinsic aspirations in post-college life », *Journal of Research in Personality*, 2009, vol. 43, p. 291-306.

Pessoa L., Adolphs R., « Emotion processing and the amygdala : From a "low road" to "many roads" of evaluating biological significance », *Nature Reviews Neuroscience*, n° 11, 2010, p. 773-782.

Philippot P., *Émotion et psychothérapie*, Bruxelles, Mardaga, 2011.

Quentin B., « Comme tout le monde », *Gérontologie et société*, 2011, n° 138, p. 99-112.

Rimé B., *Le Partage social des émotions*, Paris, PUF, 2005.

Saint-Arnaud Y., *La Guérison par le plaisir*, Montréal (Québec), Novalis, 2002.

Seligman M., *La Force de l'optimisme*, Paris, InterÉditions, 2008.

Seltzer L. J., Ziegler T. E., Pollak S. D., « Social vocalizations can release oxytocin in humans », *Proceedings of the Royal Society B*, 2010.

Sparrow B., Liu J., Wegner D. M., « Google effects on memory : Cognitive consequences of having informations at our fingertips », *Science*, 5 août 2011.

Wood J., Perunovic W. Q., Lee J. W., « Positive self-statements : Power for some, peril for others », *Psychological Science*, juillet 2009, 20, p. 860-866.

Remerciements

Une partie de cet ouvrage est consacrée à la gratitude et ce livre est l'occasion idéale de la manifester envers ceux qui ont contribué à l'achèvement de ce projet.

Je remercie Frédéric Fanget de m'avoir offert l'opportunité d'écrire et de m'accorder sa confiance.

Merci à mon amie Agnès Augé, avec qui les échanges passionnés et les encouragements m'ont toujours apporté. Merci aussi à mon amie Nathalie Montorfano, qui a toujours répondu présente à mes demandes et a contribué à mes réflexions. Merci encore à mon amie de toujours Emmanuelle Clair qui, à travers sa lecture, a apporté son regard objectif et bienveillant.

Je remercie aussi Clémence Thivoyon pour la qualité de ses remarques, de ses corrections et de ses informations.

Enfin, c'est avec une sincère reconnaissance que je remercie mon mari pour son soutien au cours de la rédaction de mon travail. Je lui dédie ce livre ainsi qu'à mes enfants pour que le monde d'aujourd'hui ne nous fasse jamais perdre notre liberté ni les liens qui nous unissent.

Table

DANS LA MÊME COLLECTION

Vivre mieux avec son impulsivité, Dr Charles-Édouard Rengade, Dr Frédéric Fanget, 2011.

Vivre mieux avec sa voix, Agnès Augé, 2011.

Vivre mieux avec sa fatigue chronique, Dr Jean-Pierre Danjean, 2012.

Vivre mieux avec ses allergies, Dr Jacques Robert, 2012.

Vivre mieux avec ses émotions, Dr Martin Desseilles, Dr Moïra Mikolajczak, 2013.

Cet ouvrage a été transcodé et mis en pages
chez Nord Compo (Villeneuve-d'Ascq)

Achevé d'imprimer en février 2013 sur rotative numérique Prosper
par l'Imprimerie Sagim à Nanterre (Hauts-de-Seine).

Dépôt légal : février 2013
N° d'édition : 7381-2899-X
N° d'impression : 13170

Imprimé en France

L'imprimerie Soregraph est titulaire de la marque Imprim'vert® depuis 2004